普天之下・盡是好書
普天出版家族
Popular Press Family
凌雲 A-Plus Creative Company 文創

把人看到骨子
的讀心智慧

魯賓斯坦曾說

想要讀懂一個人，千萬別只看他的外表，
而是要懂得拆開那些外在的精美包裝。

的確，在這個滿是虛偽與狡詐的社會，想知道對方究竟是什麼樣的人，千萬別被包裝過的外表迷惑，而要透視對方的內心，一眼看出他的底細。

你不能不學的

看人心理學

PRACTICAL
PSYCHOLOGY

陶然——著

要透視對方的內心並不困難，秘訣就在於掌握口是心非的人性。
只要靈活解讀對方肢體語言，你就可以擁有一對讀懂對方秘密的慧眼。

・出版序・

把人看透透的超強讀心術

想要瞬間讀懂人心，其實並不困難。即便是初次相見的陌生人，你都可以憑第一印象抓出對方的目的與可能隱藏的個性、心思。

陶然

一個人不管如何遮掩，內心深處最眞實的一面，一定會透過表情、情緒反應、肢體動作和特殊偏好顯現出來，想在這個爾虞我詐的社會行走，就必須具備讀人讀心的重要本領。透過細膩的觀察，我們就可以迅速研判出對方心裡正在想什麼，是不是口是心非或言不由衷；提高自己的觀察與判斷能力，在人際關係中就可以無往不利。

心理學家愛德華．赫斯博士曾說：「想要看透一個人，不要只會用耳朵去聽他說些什麼，而是必須用眼睛去看他做些什麼。」

這是因爲，一個人的眞正心思，往往會在做了言不由衷的事情之後暴露出來。想要瞬間看透一個人，就不能光看他表現出來的那面，也不能光聽他說出來的話，而要從細微之處看穿他極力掩飾的另一面，以及藏在心中沒說出來的眞正心思。

想要把人看透的秘訣並不困難，重點就在於你是否懂得口是心非的人性。想要知道對方是什麼樣的人，想瞬間讀懂對方的心思，就千萬不能只用耳朵判斷，必須用眼睛仔細觀察他的一舉一動。

人與人之間，免不了必須進行溝通、互動。

從家庭、學校、職場，甚且社會，一個人的「成長」，說穿了就是透過不斷與他人相處從而逐漸改變、成熟的過程。

不妨想想，一天二十四小時之內，可能會碰上哪些人呢？想來數目應該不少！其中必定有已經相互熟識的，但也有可能是完全陌生卻不得不打交道的。

無論面對哪一種，你有把握地與他們進行良好的互動，順利完成自己的期望與目的，而不使自身權益受損嗎？

回想一下過去的經歷，恐怕絕大多數人的答案都偏向於否定。

想要瞬間讀懂人心，其實並不困難。即便是初次相見的陌生人，你都可以憑第一印象抓出對方當下的目的與可能隱藏的個性、心思，且屢試不爽。不用懷疑，事實上，這就是「讀心術」的巧妙之處。

阿諾德曾說：「透識一個人的最快速方法，就是將他全身剝光，讓他赤裸裸地站在眾人面前，然後再看他做出什麼反應。」

因爲，如果這個被「剝光」的人，是一個行事光明磊落的君子，沒有什麼不可告人之事，那麼他就不會在眾人面前驚慌失措，如果這個被「剝光」的人，是一個專門幹無恥勾當的小人，那麼當他赤裸裸地站在眾人面前，就會手足失措，深怕自己的馬腳會不小心曝露出來。

唯有冷靜觀察對方的肢體語言，對細微變化旁敲側擊，我們才能眞正掌握一個人的眞實內在。

人是最擅長僞裝的動物，現實生活中道貌岸然的小人很多，如果你不想老是受他們宰割，那麼就得放聰明一點，才不會老是受騙上當。

我們遭遇的人，可能比我們想像中正直，也可能比想像中陰險，交往之前必須先摸清對方的人格特質與心理需求。從一個人所傳達的肢體語言，我們可以迅速研判出對方是友好的或是狡詐、充滿敵意的；具有這種觀察能力，在人際關係中就可以無往不利。

人人都有個性，影響著他們的思想、喜好，進而決定他們表現在外的所有行為，只要不刻意掩飾——其實，就算用盡心機，還是會有小小的「馬腳」露出來，瞞不過眞正懂得讀心的聰明人。

學會從小地方看人性，你必定可以得到很大的實質收穫，無論面對上司、同事、下屬、客戶、朋友、家人，都將立於不敗之地。為什麼呢？原因很簡單，因為你已經完全把他們的心思掌握在手裡。

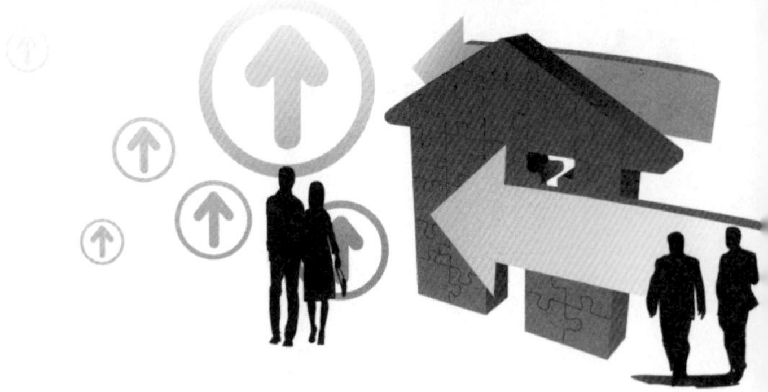

PART 2

撒謊是人際關係的潤滑劑

「撒謊是人與人之間的潤滑劑」。大概有百分之七十到八十的人承認「偶爾撒一點謊，也是不得已的情況」。

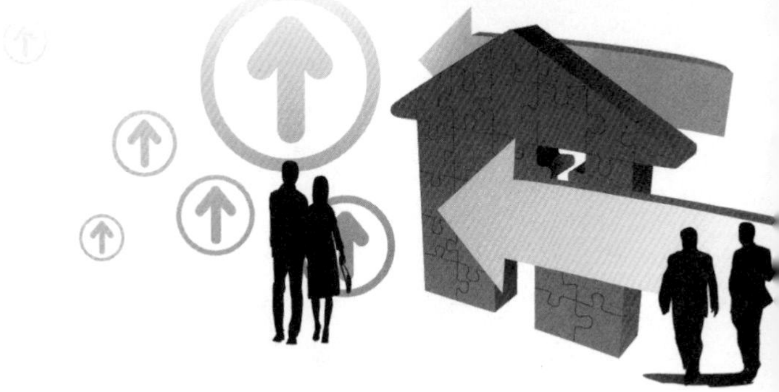

PART 3

說一些謊話，使自己的行為合理化

尋找到一些看起來很正當的理由，用這些理由來使別人承認自己，接受自己的行為，這是就所謂的「合理化」。

PART 4

越想遮掩，越會用謊言敷衍

人對於自己特別感興趣的人事物，都會特別的注意，留在腦海中的記憶也就特別深刻，說「不記得」的人通常是在撒謊。

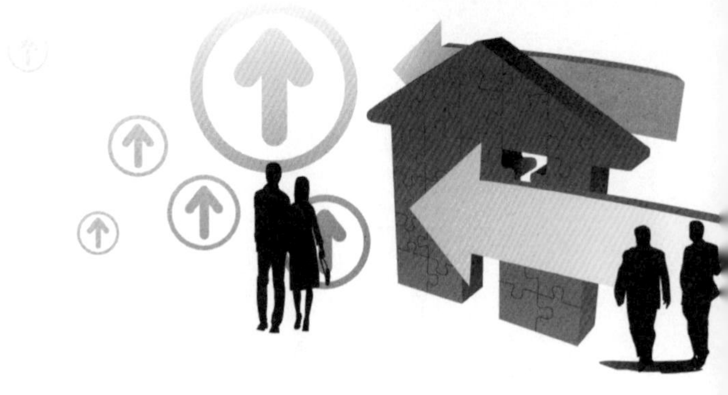

PART 5

憑直覺做判斷，必須承擔高風險

透過直覺進行判斷，或依靠一定的運作法則來考慮事情的人，比較容易被那些巧口舌簧的人所矇騙。

PART 6

碰觸程度，反應彼此的親密度

肢體碰觸的程度反應彼此的親密程度，這是判斷人際親疏時的重要標準，無論對方如何偽裝，都可以據此得出實情。

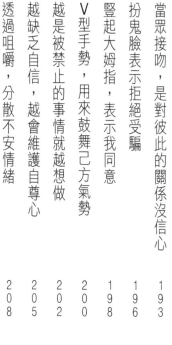

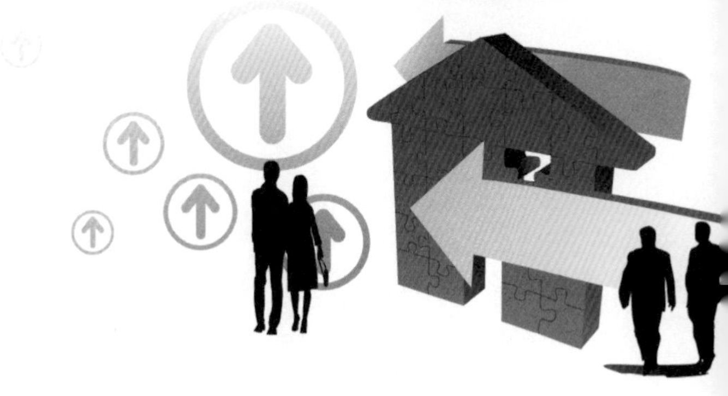

PART 7 男人的「道理」常常沒有道理

男性在後來的社會習慣或者是後天的教養當中，變得必須主動跟社會取得聯繫，於是，男性就養成了好講道理的習性。

PART 1

洞悉說謊的深層心理

在一般人眼裡，
說假話或不信守承諾都是操守欺騙的行為，
說明了這個人的人格和存在著問題。

說謊的人總有一大堆理由

透過努力，企圖歪曲事實，這樣的謊話，一旦被發現客觀的證據，就會馬上瓦解，這就是所謂「對事實真相的歪曲、掩飾」。

「撒謊」這個詞的意思有很多，包括「不守信諾」、「對事實眞相的歪曲或掩飾」、「虛僞的」……等等。

「不守信諾」是我們最常見到的狀況，例如不守信諾的人會被公認爲「撒謊的人」。但是，這樣的人卻經常辯解說：「我並沒有說謊，我已經盡了我的最大努力，但是，結果還是變得如此的出人意料。」

意思也就是說，他本人事前所說的都是眞心的，但是由於一些意外的發生，導致事情沒有照他意料的發展，或是無法兌現承諾，因此，他認爲自己並沒有說謊。

有些政客或企業總經理，被別人檢舉有收受賄賂的行爲之時，爲了保全自己，常常對外界宣稱：「我不記得有這樣一件事情」或者說「我從來就沒有聽說過這樣的事情」……等等話語，試圖遮掩或歪曲事情，爲自己進行辯解。甚至做出銷毀有關資料、編改帳本、和同夥們串通口供等情事。透過這些努力，企圖讓人們認爲根本就沒有這回事。

這樣的謊話，一旦被發現客觀的證據，就會馬上瓦解，這就是所謂「對事實眞相的歪曲、掩飾」。

至於「虛僞的」意思，是指一些蓄意欺詐的人對別人「我是大學教授」、「我還是單身」、「我和某某政要的關係很好」、「我的親戚是大企業家」等話，或是用一些花言巧語來騙取女性的信任，並進行結婚詐欺、金錢詐欺等等犯罪行爲。

在日常生活中，我們很容易脫口說出「你騙人」這句話，但是，如果指責對方說「你是個騙子」的話，那麼不僅雙方的感情會一下子冷卻，而且對對方的人格也是很嚴重的傷害。

有的人被別人拜託說：「請你在明天之前把這個工作做好」，但是，被拜託的人卻沒有按時完成，也就是沒有遵守承諾，於是拜託的一方就會生氣地責備被拜託的一方，說他是「騙子」。

在這種時候，被拜託的人應該要考慮到對方的困難之處，即使自己可能蒙受什麼損失，也應當盡力完成工作。因為，假如一開始的時候，拜託的一方就先聲明：「這個工作可能很困難，但是，應該能準時完成」，而被拜託的人也接受了，到時候，工作卻沒有完成，難免會被人說成是「騙子」。

相對的，拜託的一方雖然因為對方失信而蒙受很大的損失，但是，如果將心比比，有著「他已經盡了最大的努力來工作了」這樣的想法，那麼也就不會生氣地責備對方是個「騙子」了。

洞悉說謊的深層心理

在一般人眼裡，說假話或不信守承諾都是操守欺騙的行為，說明了這個人的人格和存在著問題。

人爲了掩飾自己緊張的心理狀態，或是擔心別人知道自己某個不欲人知的弱點，在許多場合之中，經常會一邊客客氣氣說話，一邊頻頻觸摸身體的某些部位，或是玩弄身邊的東西。

這種時候所說的話，通常都是空話，不必太過當眞。

懂得運用肢體語言代表的概念，洞悉別人內心深處隱藏著的意志和感情，同時進行各種心理狀況分析，可以幫助我們更加了解人性。

現實生活中，有些人非常善於巧飾隱瞞，也經常說謊，但我們仍能根據心理學，尤其是肢體語言，發現他們心中潛藏的秘密。

德國的心理學家休德魯進行了這樣的定義：「說謊，就是試圖透過欺騙對方，來達到目的的有意識的行為，是虛偽的談話。」

而且，他還認爲，騙子具有以下的特徵：

一、具有虛偽的意識。一般而言，騙子對於自己要說的話，與事實不相符合的情況，是十分清楚的。

二、具有欺騙的意識。意圖讓對方相信自己所說的和事實不符合的話，有計劃地把謊言偽裝成事實的心理。

三、本人十分清楚欺騙的目的，而且還有想要逃脫罪名和懲罰，保衛自己不受外界攻擊的心理。雖然這樣的目的是由於利己的心理而產生的，但是，偶爾也會看到試圖幫助別人的動機。

有的人會被認爲說謊是記憶出錯、想像出錯、判斷錯誤，或者說錯話等等，如果沒有很明顯的虛偽意識和欺騙意圖，那麼就不能把這件事定義爲「說謊」。

也就是說，在一般狀況下，如果當事人只是說「我不記得有這樣的事情」，那麼就不能斷定他是在說謊。

但是，「我不記得有這樣的事情」這句話如果眞的是用在說謊的場合，就表示當事人是想逃脫罪責或者懲罰，想保護自己。

大部分的情況下，是當事人想要保護自己的利益，所以才撒謊說「我根本就不記得有這樣的事情」，但是，有的時候，有些人說這樣的話，是爲了保護上司和朋友，才把所有的罪責都攬在自己的身上。

心理學家彼得森，把「撒謊」分成「撒謊的意圖」和「撒謊的結果」兩個獨立的層面，並且從這兩個層面進行分析，分別可以分成以下三個次元。

第一、關於撒謊的意圖的三個次元：

1. 故意性：也就是到底有沒有要欺騙的意圖。

2. 動機：意圖的內容是有利自己的還是有利於他人的。

3. 結果：有沒有事先預見到結果。

第二、關於撒謊的結果的三個次元：

1. 眞實性：與事實有多大程度的偏差。

2.信用性：對方對你說的謊話是不是相信。

3.本質性的結果：對方由於你所說的謊話，受到了什麼樣的損害或者是受益。

不論基於什麼理由說謊，結果都可能會被烙上「因爲這個人說了謊話，以後都不可以信賴」這樣的印象。

因爲，在一般人眼裡，說假話或不信守承諾都是欺騙的行爲，說明了這個人的人格和操守存在著問題。

越是荒唐的話，越會信以為真

患上狂言症狀的人，不僅會把事情說成是完全相反的，而且，本人甚至還認為自己所說的就是事實。

即便與實際情形差異很大，當事人還是認爲他所說的話就是事實，心理學家把這樣的情況叫做「病理性的狂言症狀」。

曾經有過這樣的案例，在一個電視節目上，一個大概二十幾歲的年輕人在節目上很驕傲的說：「我有五到六個女朋友，我每個禮拜都分別和她們約會，而且，每次都送她們很貴重的禮物。」

但是，不管從這個年輕人的打扮還是外表上來看，怎麼都不像是這樣的人。因此，現場來賓或電視機前的觀衆都覺得：「不管從哪個角度來看，這樣的事情對他來說都是難以想像的。」

這就是所謂的「病理性的狂言症狀」。患上狂言症狀的人，不僅會把事情說成是完全相反的，而且，本人甚至還認爲自己所說的就是事實。

這樣的人很容易把事實和幻想混合在一起，分不清楚自己所說的是過去的事情還只是某種想像中的事情。特別是當這樣的人什麼都得不到的時候，他們就會更加說出一個接著一個的謊言。

他們表現的這些特點和普通人撒謊是不一樣的。

就先前提到的那個例子，與其說那個年輕人是病理性的症狀，還不如說是有吹牛的癖好，他甚至可能在另外一個地方，很得意地向別人公開宣佈說：「我有十個女朋友呢！」於是，周圍的人都會馬上就意識到：「這個人在說謊。」

這種愛慕虛榮又喜歡吹牛的人，經常見於那些有著歇斯底里症狀的人群當中。另外，意志薄弱、沒有什麼行爲能力的人，也經常出現這樣的症狀。

喜歡吹牛的人，通常都具有以下的特徵：

1.虛榮心很強。想做到自己的實力所能達到的範圍以外的事，並展示給別人看。

2.爭強好勝，自我中心主義。

3.很容易受到別人的慫恿，也很容易被別人奉承的話沖昏頭。

4.很小孩子氣。

5.意志很薄弱。

6.對流行很敏感。

7.不懂得節約，很浪費。

8.看起來好像很熱情，但實際上是性情很冷漠的人，只不過是在大家面前裝出很熱情的樣子而已。

9.如果覺得生病會給自己帶來好處，就會出現「生病」這樣的「逃避現象」。這樣的情況和因為裝病而撒謊是不一樣的，而是真的身體出現了生病的狀態。比如，他們會說由於天氣的原因，身體不舒服，或者出現偏頭痛、頭暈、失眠、食慾不振、容易疲勞等症狀，甚至極端的還有休克的症狀。

10.心理恐懼症狀。例如，非常擔心自己會罹患癌症或是愛滋病等致命的疾病，非常喜歡吃藥、打針。

喜歡吹牛的人，習慣透過對方的喝彩和鼓勵來滿足自己的慾望。只要對方對自己說的話能全心投入，表現出興趣，受到感動，或者投來尊敬的目光，他們就會覺得再也沒有比這個更加讓他們高興的事情了。

爲了滿足自己的慾望，他們不僅僅撒謊，只要能讓對方相信、肯定自己，他們也願意說一些迎合對方的話。

爲了得到對方的歡心，他們會信口開河地說出諸如「我和某某政治人物的關係很好，下次我介紹你給他認識」之類的話來。

大話和謊話說多了，最後就會變成習慣性的撒謊。如果不懂得拆穿謊言，而把這種人說的話當眞，不久一定會丟很大的臉。

判斷對方是真病還是假病

裝病，才是真正的撒謊行為。當職員打電話來說因為生病要請假的時候，有的人是因為心理上出現了逃避現象，從而導致身體的病情。

人性是相當難解的，儘管有的人表現得信心十足，或是謊話連篇，但內心仍有脆弱的一面，而在無意識中，以各種動作將這些秘密都表露無遺。

人的自律神經是大腦無法控制的自動裝置，當人們受了外來的刺激，自律神經馬上就將它傳達到身體各部，同時在潛意識中表現出許多舉動來，而這些微妙的變化，就是我們進行觀察之時要把握的重點。

有些人容易出現一種現象，心理學家稱爲「虛構症」。典型的例子是，有一個叫做「洛夏墨跡測試」的心理實驗，讓一個人看著一個墨水的印記，看看他會聯想到什麼東西，有的人就製造出和此圖案毫無關係的故事出來。當然，並不能說虛構故事的人就是在撒謊，但卻可以斷定他們是在胡說八道。

關於「虛構症」，最有名的人物是十八世紀德國的繆爾西哈吾瑟男爵了。他雖然曾經參加過土耳其戰役，但是，使他更加出名的原因是——他是幻想故事《男爵的冒險》的主人翁。

《男爵的冒險》裡，有這麼一段描述：「有一天，我要去湖邊獵鴨子的時候，剛好沒有子彈了，我就把燻豬肉掛在繩子上，投到了水裡。這時候，有一隻鴨子游過來要吃燻豬肉，但是因爲燻豬肉很滑，鴨子就把頭浸到水裡，只露出一個屁股在水面上。接著，越來越多的鴨子游過來吃燻豬肉。這些鴨子大概有十幾隻，牠們叼著燻豬肉飛上了天，而我就這樣牽著這些鴨子，回到了家。」

聽了如此荒唐的故事，應該很少人會生氣地斥責胡說八道。因爲，說著這樣荒唐的故事的人，只不過是想贏得別人的喝彩和掌聲，來滿足自己的幻想慾望而已。大部份的人都知道這樣的故事只不過是編造的想像情節。

有一種病情，叫做「早晨八點鐘的頭痛」，這是一種逃避應該面對的事情而衍生的現象。例如，有的小孩子很討厭去上學，一到上學的時間，他們就會出現頭痛等身體的不適的症狀。他們會抱怨「頭好痛」或者「肚子有點不舒服」，所以「今天沒有辦法去上學」。

人一旦對自己的生活出現適應困難的現象，在被這樣的條件逼迫的情況下，身體就會出現缺乏應對這個情況的行爲，使得身體的機能出現異常。比如手會發抖，寫不了字，或者眼睛模糊，看不了書本，甚至身體不舒服，沒有辦法去上學……等等奇奇怪怪的症狀。

就客觀情形而言，這些症狀和謊稱生病是不一樣的，這樣的情況是在本人毫無意識的情況下產生的。

有的公司職員，打電話給公司說「今天頭很痛」而不去上班，實際上他是眞的頭痛。但是，上司卻會生氣地責備說：「你不要裝病。」

在這種狀況下，也許部下就會覺得很不滿：「我可是眞的生病了，爲什麼上司不能體諒我呢？」

由於逃避而產生的病情，一旦上班或者是上課時間一過，症狀就會馬上消失，這就是這種逃避心理的特徵。因爲，到了這個時候，會想著「就算現在去上班也來不及了」，於是頭也不痛了，可以在家裡看看書、聽聽音樂，輕鬆地度過。

有的公司職員爲了跟女朋友約會兜風，會煞有其事地打電話到公司請假說：「今天我身體不舒服，請讓我請假一天吧。」

這樣的行爲就叫做裝病，這才是眞正的撒謊行爲。因此，當職員打電話來說因爲生病要請假的時候，有的人是因爲心理上出現了逃避現象，從而導致身體的病情，本人並沒有撒謊的意圖，所以，就不能責備這樣的職員說：「你不要撒謊了。」

「光環效應」常讓騙子得逞

光環，本來是指神像背後的光圈或者光環，正是因為有了這樣一個光環，所以神像看起來會讓人覺得很了不起。

關於結婚詐欺的案件正逐年增加，充斥著社會新聞版面，曾有專家指出，其實，還有近十倍以上的人受騙沒有報案。

那些欺騙者宣稱自己的工作都是一些令人羨慕的職業，比如科技新貴、醫生、律師、教授……等等，這些都是一般大眾喜歡的行業。這些職業有一些共同的地方，就是薪資很高，但是，一般人對這些職業眞正的工作內容又不是很瞭解。這些詐欺犯所運用的就是「光環效應」。

日本曾經發生過一件有名的詐婚案例，有一個人自稱是布林斯．喬納．庫西爾，有著高高的鼻樑、金色的頭髮，總是穿著潔白的海軍服裝，開著他的愛車到處兜風。他宣稱自己是伊麗莎白女皇的外甥，一旦他結婚，女皇將會給他三億元的開支，乍看之下是一個有著令人羨慕的身分的男子。

實際上，這個男人當時已經四十幾歲了，而且是一個道道地地的日本人，身長、腿短，鼻子是整形手術的產物，頭髮是染過的。即使他鼻樑很高，頭髮是金黃色的，但是因爲個子矮，怎麼看都不像是外國人。

然而，這樣的男人，竟然能夠以結婚爲藉口，從不同女性那裡騙取了四千萬元的鉅款，他是一個以結婚爲幌子，來進行欺詐的騙子。據說，他用同樣的手法，一共把五位女性玩弄於股掌之中，讓人覺得十分可笑。

所謂的「光環效應」，就是說，如果一個人有一個地方很顯著、很優秀或者是有什麼地方很壞，那麼人們就會覺得他所有的地方都是很好、很優秀的，或者所有的地方都是很壞的。

光環，本來是指神像背後的光圈或者光環，正是因爲有了這樣一個光環，所以神像看起來會讓人覺得很了不起。

習慣詐欺的人經常利用這樣的光環效應，增加得逞的機會。

譬如，一位名爲條原誠的日本作家就是箇中高手，到了五十二歲時，就犯下十二件詐欺案件，總共要服刑十四年，是一個詐欺慣犯。

曾經有一張關於他的照片，登在報紙上面，這是他參與一起五億日圓詐騙事件曝光時的照片。照片上面的犯人條原誠，抱著一個年約五、六歲的小孩子，旁邊就坐著當時的首相田中角榮，讓人看上去，好像他們是平等的兩個很有名的人一樣。

這個條原誠實際上只不過是一個很善於展現自己的權威和信賴感的人，只是很會演戲而已。那張照片，是他出版的書籍《首相田中角榮》裡面的一張照片，是他出版這本書的時候，在田中角榮東京的官邸中照的紀念相片。

另外，在美國洛克希德公司行賄田中角榮的事件判決之前，他還藉著「支援田中首相聯合會」的名義，到處向民衆們宣傳「田中首相是無罪的」。

可是，這個所謂的「支援田中首相聯合會」，只不過是條原誠爲了展現自己和田中角榮的關係有多麼好，而特意上演的一齣鬧劇罷了，事實上「支援田中首相聯合會」根本就不存在。

條原誠利用作家的身分僞裝，透過利用田中角榮的形象以及權力，提高自己的社會地位，獲得了社會上不知情的人信任。

所謂的紀念照片也好，「支援田中首相聯合會」的活動也好，都是爲了提高他自己的光環效應而使用的一些小小道具而已。

另外，根據比較行爲學家的說法，透過小孩子的可愛行爲，可以產生一定的鎮定效果。例如，澳大利亞的原住民跟其他的種族進行交涉的時候，經常會把面前的小孩子拉近到自己的身邊，把手放在小孩子的肩膀上，然後進行交涉。

剛才提到的紀念照片當中，也出現了一個小孩子，比較行爲學家說，那就是爲了緩和田中角榮的警戒心理而使用的一個道具。看來，連習慣騙人的田中角榮也被條原誠的手段欺騙了。

懂得撒謊，代表智力成長

一旦孩子能夠自由使用語言，就會開始用一些很高明的謊言。當小孩子能夠嫻熟地使用謊言，就證明他們漸漸達到了智慧發展的頂峰。

在謊話的種類當中，既有毫無惡意的謊話，也有本質很惡劣的謊話。有的是爲了不讓對方受到傷害才撒的謊，也有的是爲了讓對方陷入到圈套當中所撒的謊。還有的謊話是爲了逃避懲罰，而有的謊話則是爲了得到榮譽。

雖然大家都說撒謊不好，但是卻沒有想到，人從很早就開始撒謊了。

比如，有的小孩會裝睡，大人叫他的時候，他就假裝打鼾，使用了高超的演技；有的小孩，明明在看一本很熟悉的畫冊，但是卻裝做不懂的樣子。此外，有些小孩子如果周圍的人所說的話不太合他的意，那麼他可能就會裝做沒有聽見。這種時候，他明白用一些單純的拒絕、否認的做法，或者是用哭喊、反抗等手段，是沒有什麼效果的，或者說這樣的行爲很消耗體力，於是，孩子就採取比較簡便的，而且比較有成效的——「裝做沒有聽見」的反應。

大人們總是懷著「孩子們都很單純」的想法，但是事實卻不是如此，孩子也會透過各種方式，產生很多欺騙大人的行爲。

根據美國心理學家博魯·黑格曼的長期調查研究，發現孩子撒謊的種類，其實並不會比大人少。

當然，孩子們不可能掌握所有的撒謊種類，而是在不斷成長的過程中，一點一滴學習各種說謊的方式，最後逐漸進入到大人的世界當中。

心理學家麥克魯·合伊多認爲，「當孩子第一次向家長撒謊時，也就是孩子能夠擺脫家長的束縛，獲得自由表現的時候。」

從這個角度來看，當孩子開始向家長撒謊的時候，其實也就代表了孩子能夠從依賴家長，發展到自立的時候。

原來，撒謊這個行爲當中，還包含了這樣重要的意義。

對於剛剛出生的小孩子來說，世界處於一片混亂的狀態，意識當中是沒有所謂自己和他人的區別的。過了這樣所謂的「發展初期」之後，孩子就會開始意識到母親是區別於自己的一個個體。

孩子開始有個人差別的意識，是從大概六個月到兩歲左右的這段期間。

當孩子進入到明白自己以外的個體存在，明白有別於自己的個體所說的話的時候，也就是孩子開始懂得撒謊的時候。或者換句話說，孩子開始會矇騙別人了。

前面提到裝做沒聽見周圍大人說話的孩子，當他們長大了，到了語言和行動都比較自由的時候，再碰到這樣的情況，可能就不僅僅是裝做沒有聽見了。他們可能會從現場消失掉，或者是改變一個話題，開始另外一個行爲。他們會故意使用這些手段，而且漸漸變得很善於使用這類手段。一旦到了孩子能夠自由使用語言的階段時，就會開始用一些很高明的謊言。

常常聽到有人說：「小孩子是很單純的。」其實，孩子們並不單純，而且越是明白撒謊，孩子的智慧發展得越好。當小孩子能夠嫻熟地使用一些謊言的時候，就證明他們漸漸達到了智慧發展的頂峰。

幻想不一定代表說謊

幻想和惡意的謊言是不一樣的。越是年紀小的孩子，就越沒有能力區別是現實發生的事情，還是幻想出來的事情。

哈佛大學的兒童精神科醫生羅巴頓．克魯茲說過這樣的話：「幻想是空想的產物。撒謊是有意識的要欺騙對方的行為。而幻想則是在某種意義上，是本人接近他自己所認為是事實的行為。」

譬如，孩子可能會一臉正經地說：「我昨天在森林裡碰見小矮人了。」這樣的話並不是謊話，只不過是幻想的話而已。

克魯茲認爲，這可能是孩子們想確認一下自己的幻想和現實的事情而已，這樣的幻想和惡意的謊言是不一樣的。

一般而言，越是年紀小的孩子，就越沒有能力區別這是現實發生的事情，還是自己幻想出來的事情。

如果碰到這樣的事情，千萬不要隨意斥喝孩子：「我教過你不可以撒謊」，因爲，這樣做很沒有效果。

比較好的方法是，先要教會孩子如何區別現實和幻想的不同處，讓他們理解什麼是現實，什麼是幻想。接下來，要讓孩子學會問清楚事實。按照這樣的步驟，看上去好像要花很多的精力和時間，但是，比起簡單的斥喝孩子「你不可以撒謊」要有成效得多了。

有一個放羊的少年撒謊說：「狼來了！」結果把整個村莊的人都叫來，其實他是在撒謊，到了第三次，狼眞的來的時候，他叫道：「狼來了！」卻沒有一個人來幫助他。這是《伊索寓言》裡面的故事，對孩子是一個很好的告誡。

大人們總是教育孩子「撒謊是不對的、不好的」，或者說「不許撒謊」，這樣一來，孩子就會把「撒謊」看成是很壞的行爲。但是，雖然這樣說，孩子到底知不知道撒謊是怎麼一回事呢?這個就很難說了。

比如說，有一天母親記錯了時間，告訴一個六歲的孩子說「星期三學校有晚會」，實際上，卻根本就沒有這回事。

這樣的錯誤在日常生活中經常發生，不一定和事實相反的就是撒謊，但是，小孩子可能不明白這樣的道理，而認爲他的母親是「撒謊的人」。

也就是說，這個時期的小孩子還不明白「撒謊」到底是指什麼樣的事情，還沒有眞正的理解「撒謊」的含義。兒童精神科醫生認爲，小孩子未滿八歲之前，是還不能理解這樣的區別的。

說謊不是一天造成的

有很多人從小就被教育「不可以撒謊」。但是，在實際生活中，卻有很多人毫無顧忌地認為：「撒謊有時候也是很方便的。」

雖然，大人總是教育小孩子不可以講謊話，但是，小孩子還是在不知不覺當中，就學會了講謊話。

與其說撒謊是人天生的行爲，還不如說是後天學會的，會比較妥當。實際上，小孩子撒謊的模仿對象，竟然就是成天教育小孩子「不許撒謊」的大人。

比如說，有的小孩子在街道上看到自己很喜歡的東西，就會賴在那裡不走，這個時候大人可能就會說：「我不理你了，我要先走了，你就待在那裡吧。」

當然，孩子知道父母親是不會把自己的孩子放在路邊不管的，就這樣大人破壞了自己說話的可信度。

或者有的時候，父母會忘記和孩子之間的約定，和答應過孩子的事情。這樣的情況漸漸多起來以後，孩子們就會覺得「父母親說的事情也沒有實現」，也就是說，孩子們開始從這些行爲當中學到了「撒謊」，而且還形成這樣的概念：有的場合還是有必要撒謊的。

「不要和老師說，我們有去補習班補習喔。」

「這件事情不要告訴爸爸（或者是媽媽）。」

「有人打電話來找爸爸，就告訴他爸爸不在家。」

在這樣的環境下，孩子們學會了撒謊，學會了矇騙，甚至認爲撒謊和矇騙是可以理解的行爲。

如果家長不希望自己的孩子變成會撒謊的人，那麼就要事先告訴孩子：「我們會是你的榜樣的。」對於小孩子來說，父母親根本就不會撒謊，甚至是一些爲了方便才撒的謊也不會說。

如果父母親連這一點都做不到，那麼恐怕就只有告訴孩子：「如果是爲了掩蓋什麼壞事情而撒謊，應該懲罰。但是不要忘記，這也是可以原諒的。」

大家都說撒謊不是一件好事情，那麼是否告訴大家事實，就是一件好事呢？

「有些時候必須撒謊」，這樣的應對方式是什麼時候學會的？

有很多人從小就被教育「不可以撒謊」，這樣的人長大以後，也同樣這樣教育自己的孩子。但是，在實際生活中，卻有很多人毫無顧忌地認爲「撒謊有時候也是很方便的」。大概有四分之三的人從小就已經在頭腦中形成這樣的概念了。

根據調查，孩子達到五歲階段時，有百分之九十五的兒童認爲「不管在什麼場合，都不可以撒謊」。但是，到了十一歲時，孩子認爲「絕對不可以撒謊」的比例降到了百分之二十八。

其實，即使是在兒童五歲的階段，也不可能有百分之百的孩子認爲「絕對不能說謊」。這個調查讓我們明白了，原來兒童們不僅是從大人那裡得到啓發，而且是從很小的時候就已經掌握了「撒謊」的應對方式了。

不必把「外交辭令」當真

僅僅在一定的特殊場合才說的話，就是所謂的「社交辭令」。撒謊和外交辭令還有幽默其實都是有相近關係的。

現實生活中專門裝飾自己外表的人很多，如果你不想老是被他們牽著鼻子走，那麼就得放聰明一點，不能單單靠著表面現象就去評斷事物，更不能根據外表和言詞去論斷一個人，才不會吃虧上當。

在現代社會中，人際關係就猶如空氣一般，誰也脫離不開這張無形的巨網，但是，光靠廣泛的交際，無法建立良好的人際關係。

你必須了解誰是專說謊話的小人，小心而嚴密地加以提防，也必須知道誰才是值得你用心交往的對象，然後讓彼此的關係更緊密。

想要建立良好的人際關係，首先必須判斷什麼是眞話，什麼是假話。想像一下，若是有一個社會是不允許一切謊言存在的，在這樣的環境下生活大概會覺得日子過得很貧乏的，甚至會讓人有快要窒息的感覺。

即使是處於重視法律的社會中，也要有空間能夠合法地撒謊。可以這樣說，愚人節的產生，就是爲了讓人可以隨意的撒謊，從而得到心理的釋放。就只有在愚人節這一天，人們可以不必擔心信譽、社會地位之類的形象，全心全意進行撒謊比賽。

很多時候，「社會默契」也允許地位高的人對地位低的人含糊其辭，例如，在政治界，如果對方說「會盡可能儘快處理」，那麼其中的意思就是「等我有機會再做」，如果說「我感到非常遺憾」，實際上就是說：「我其實並不這麼認爲，只是在這樣的場合下，只好這樣打圓場。」

說話的人言不由衷，聽話的人也多少明白這些話的含義。什麼樣的場合就說什麼樣的話，這已經漸漸成爲一種「社會默契」了，一般人是不會把別人在某個場合說的某句話當眞的，而且在教育孩子的時候，也會在不知不覺之間把這樣的「默契」教給下一代。

比如說，有的小孩子經過一家商店，看到自己很喜歡的東西，就賴在街上不走了，甚至還哭鬧著要買。在這樣的場合下，父母親並不會把這件事當成一個實際的問題來處理，也不可能眞的把小孩子丟在路旁，不去理會，即使說著：「你再這樣，我可就不管你了，我要走了」，也只是稍微威脅一下而已。

或者有的父母親比較心軟，不會告訴孩子「這樣的東西，我絕對不會買給你」，而是就順著孩子的意買給孩子了。

又比如說是在人很多的地方，孩子實在是太吵鬧了，父母親感到難爲情，就會說：「我下次不會帶你來了。」

在西方這樣實事求是的社會當中，一旦說出口的話，就一定要履行。也就是說，眞的下一次就不帶孩子來了。但是，在東方社會，連小孩子都知道，這一類話父母只是在當時說說而已，絕對不會當眞。

正是因爲父母親說的話和做出的事是不一樣的，所以很明顯的，他們就是在撒謊。但是，在父母親的意識當中，這些話只不過是因應當時的場合說說而已，並沒有想要撒謊的意思。

一位心理學教授說道：「僅僅在一定的特殊場合才說的話，就是所謂的社交辭令。撒謊和外交辭令還有幽默，其實都是有相近關係的。」

「不許撒謊」，不管在哪個國家都是一種社會共識。因此，在重視法律的社會當中，代替「撒謊」的「幽默」就特別發達。在言語曖昧的政治環境，就很盛行並非是撒謊的「外交辭令」。

孩子們當然是以身邊的大人們爲榜樣來學習的，因此，生活在這樣的社會環境下的孩子，很小就懂得「撒謊也是爲了方便」和所謂「外交辭令」的謊言。這樣一來，社會上充斥著謊言也就沒有什麼値得大驚小怪的了。

PART 2

撒謊是
人際關係的潤滑劑

「撒謊是人與人之間的潤滑劑」。
大概有百分之七十到八十的人承認
「偶爾撒一點謊，也是不得已的情況」。

測試自己是哪一類型的說謊者

當找到自己可以接受的理由時，自尊心和良心就會在一時間被忽視，而矇騙對方，這就是所謂的雙重人格。

每個人都會撒謊，只是程度輕重不同而已，你是什麼類型的撒謊者呢？透過以下測試可以檢驗出來。

看完以下三大類敘述，在你自己認爲「符合自己想法」的選項上打上勾。

A類型：

1. 即使是不太熟悉的話題，你也可以適當的說出一些話來。
2. 如果有正當的理由，你就可以面不改色的撒謊。
3. 在不同的人面前，你可以扮演不同的角色。

4. 即使心裡很不開心，你還是可以裝出好像很開心的樣子。
5. 為了得到別人的關注，你甚至可以改變自己的想法和意見。
6. 某件事和自己的期待有所不同，還是會繼續做下去。
7. 能夠根據不同的人的喜好來改變自己的形象。
8. 如果有必要，任何時候都可以裝出自己很慈祥的樣子。
9. 只要一看對方的眼睛，就能夠瞭解對方的心情。
10. 對於自己能夠讀懂對方的感情，或者知道對方在撒謊的能力覺得很驕傲。

B類型：

1. 比起那些很偉大卻很不誠實的人，還是那些沒有什麼名氣卻很誠實的人比較值得尊敬。
2. 提拔真正有實力的人才是正確的做法。
3. 對自己沒有好處的事情，就不會說出自己的真心話。
4. 自己的人生中，除了健康以外，其次重要的就是金錢。
5. 如果有正當的理由，就可以原諒撒謊的人。

6. 最重要的事情不是如何能賺到錢，而是做這件事情能賺到多少錢。
7. 正直並非任何時候都是最重要的。
8. 即使覺得自己做這件事情在道德上有問題，但有時候還是必須要做。
9. 認為和對方相處得好的方法就是，和對方談論對方感興趣的話題。
10. 在向對方拜託事情的時候，說出一些看起來好像很有道理的理由是最好的。

C類型：

1. 會出其不意地問對方一些問題，從而收集對對方不利的情報。
2. 曾經裝出身體狀態不好的樣子，為明天的請假製造藉口。
3. 為了得到別人的幫助，曾經有計劃地和自己要拜託的人交朋友。
4. 會一邊和朋友聊天，一邊試圖從朋友的談話中探求秘密。
5. 為了得到別人的同情，會故意裝出受傷的樣子。
6. 為了要出人頭地，曾經違背自己的心意對別人阿諛奉承。
7. 曾經故意讓對方覺得對不起自己，從而達到自己所要達到的目的。

8.曾經故意接近朋友的熟人，想要從熟人的口中探聽到朋友的真心話。

9.曾經假裝哭泣過。

10.在和別人玩遊戲的時候，會為了獲得勝利，故意說「我在這方面很不拿手」，以降低對方的戒心，達到勝利的目的。

心理診斷：

根據你所選擇的選項，ABC各個小組中圈選的項目個數最多的，爲該類型的撒謊者，可以分爲ABC三種類型。

A類型的人是表演技術很高超的人。

A這個小組當中的題目，是根據「自我控管尺度」製作的。所謂的「自我控管」就是指演員在舞台上的表演，這樣的人在實際生活中，好像在扮演什麼角色一樣，在與別人相處的社會舞台上，也謹慎控制著自己的一言一行來和別人相處。

打勾的選項個數如果達到六個以上，這樣的傾向也越強烈。這個小組中得分越高，就說明你會說一些有利於自己的謊言，而且撒謊的時候，演技非常高明。

這樣的人的謊言，大部分都是爲了使別人對自己有個好的印象，不會意圖毀壞對方的名譽，所說的是沒有惡意的謊言。

從這個意義上說，可以認爲是一種自我完結型的撒謊者。

B類型的人是雙重人格的撒謊者。

B組的問題是參照「兩面性尺度」製作的。從這些專案當中，可以瞭解一個人對於社會冷嘲熱諷的態度，以及爲了出人頭地而撒謊，或者是採取一些策略的謊言來達到自己的目的。

如果這一組題目打勾的選項達到六個以上，那麼就是表示這一方面的傾向很強烈。這一組題目分數比較高的人，雖然是很善良的人，但是當找到一些自己可以接受的理由時，自尊心和良心就會在一時間被忽視，而撒謊或者是矇騙對方，這就是所謂的雙重人格。

C類型的人是所謂的機會主義的撒謊者。

C組的問題是根據「算計角度」製作出來的。所謂的「算計角度」，比起剛才所說的兩面性的場合，會做出更加具有陰謀性和欺騙性的行爲。

這一組的問題，如果達到打勾的選項有六個，就說明這個人在這一方面的傾向很強。得分越高的人，如果碰到對自己有利的事情，一定會不怎麼顧忌所謂良心的譴責，而做出詐欺的行爲出來。

這樣的人對於所有的事情，都是首先從利害關係來考量。

你是屬於哪一類型的說謊者呢？

政客最擅長睜眼說瞎話

政治人物的這種睜眼說瞎話的撒謊模式，會隨著「政客」這個職業的存在，而被不斷地重複使用。

法國文豪雨果在他的著作《鐵面人》中，曾經這麼譏諷地寫道：「天底下最可憐的笨蛋，是那些從來不懷疑別人可能言行不一，而對別人所說的話一味地信以為真的人。」

確實如此，現實生活中，專門欺世盜名卻沾沾自喜的騙子並不在少數，如果不懂得透過觀察看穿他們虛僞的一面，就經常會迷惑於他們的聲名而遭到誆騙，甚至因爲他們的謊言而吃虧上當。

要洞察一個人的眞實面貌，重點並不在於聽他的嘴巴說了什麼，而是用眼睛看他究竟是怎麼辦事的。

從典型的政治人物的謊言中，可以引導出以下四種「疑惑處理方法」，行爲心理學家曾以分析謊言的方法，嘗試分析他們說謊的步驟和心理狀態。

所謂的「疑惑處理方法」，就是指政治人物爲了證明自己是無罪的，而開展了一系列爲自己開脫的典型行爲。

一、一旦被別人懷疑收受賄賂或涉嫌利益輸送，政治人物特別會很氣憤地否認：「我一分錢都沒有拿。」

二、如果被別人發現有收賄的可能性，就會對外宣稱：「你去問一下我的秘書（或者是有關人員或者妻子）。」還會說：「我問過了，但是，他們都說沒有拿。至於我自己更是不會拿了。」

三、如果事情終於到了無法隱瞞的時候，就會裝出是被害者的樣子，對外宣稱：「是秘書（或者是有關人員或者是妻子）拿了，但是沒有告訴我。他們沒有對我說出實話，我自己也被蒙在鼓裡不知道。」

四、到了最後，政治人物還是會說：「我自己並沒有犯下什麼過失，但是卻讓黨和支持我的民衆感到爲難，在社會上鬧出這麼多事情來。」試圖透過這些話，來表達自己「自責」或者是「承擔責任」的心態。

當然這些都是政治人物在裝腔作勢，只是想讓自己受到最小的損失，頂多也只是一時之間被迫離職而已。

那麼，政治人物在各個階段會有什麼樣的謊言呢？根據行爲心理學家的分析，這些階段通常分成以下幾個小點來展開。

一、雖然接受了別人的賄賂，卻對外宣稱「我沒有接受賄賂」。

二、雖然秘書（或者是有關人員或者是妻子）曾向他報告，但是，政治人物卻說「沒有向我報告」。

三、明明就知道這件事情，卻說「不知道」。

四、不僅沒有從心裡面進行反省，而且絲毫沒有想要承擔責任的意思，但是還是向外界宣稱「我會好好反省」或者說「我會承擔起責任的」。

當然，上面談到的幾點，根據不同的人和不同的場合，也會存在著細微的差別，但是，大體上情節都是一樣的。而且，專家們還對政客說各個謊言的動機進行了一番具體分析。

一、覺得很後悔、很愧疚，或者是覺得社會和媒體很麻煩。

二、不想讓自己給別人留下撒謊的印象，所以把責任推給身邊的人，也就是所謂的「人格防禦」。

三、「反省」的謊言，是爲了今後能夠重新進入政治舞台，爲了掩蓋自己的眞實內心。而「會承擔責任」的謊言，是爲了給大衆一個好印象，覺得自己並不壞，想給別人留下自己是一個很有人格的印象。

最後，關於「承擔責任」的謊言，是爲了讓各個黨派的同僚和大衆媒體覺得自己還算是很清廉的政治人物，能夠很快就忘記自己曾經撒過謊的事情。

我們不難見到，這樣的政治人物，在一段時期避風頭之後，還是會重新登上政治舞台，並且還是會重複自己以前的手段。

政治人物的這種睜眼說瞎話的撒謊模式，會隨著「政客」這個職業的存在，而被不斷地重複使用。

因為生活，某些謊話必須要說

「外交辭令」只不過是單純的想要客套一下，以表達自己的熱情，僅僅是說說罷了，人際關係必須要通過這樣的寒暄來維持。

現實生活中，圍繞在我們身邊的那些包藏禍心的小人，通常都有這樣的特徵，有的人外表看起來古道熱腸，但是，卻經常在背地裡玩弄挑撥離間的陰險伎倆，或是編造一些虛妄不實的話語，試圖迷惑我們的心智。

他們從中獲得某些利益，就代表著我們蒙受損失。

因此，千萬不要被別人刻意偽裝的表象所蒙蔽，也不要輕信別人所說的話語，應該審慎觀察他們是否表裡如一。

眞正聰明睿智的人，最大的特點就是，只要看到事物的外貌，就能夠運用智慧去理解它的本質，並且用最適當的方法去面對，不會因為覬覦眼前的「甜頭」而讓自己吃盡「苦頭」。

不管是誰，都希望自己在喜歡的人、上司，或者是自己很在意的人面前，留下自己很優秀的印象。

因此，在他們面前要很老實地承認自己不懂某件事，並不是一件容易的事情。但是，職位越高的人就越會有這樣的想法：「如果我承認自己連這個也不知道，那不是太丟人了嗎？」然後就會很自然的想要通過「撒謊」來保全自己的形象。

比如說，有人問你是否讀過某位獲得諾貝爾文學獎的作家的作品，或者是有沒有讀過關於這些作品的評論，很多人都會不由自主地說出：「看過了。」一旦對方繼續追問那一部作品的內容是什麼，則可能會一邊裝出一副在回想的樣子，一邊說：「這個呀……我是很早以前看的……」然後試圖從一些有關的文章中，極力想要回憶出相關的內容。

如果對方問的是剛剛上市的熱門新書，可能有的人會回答說：「我剛好最近正在看這本書。」但實際上卻不曾看。等到下一次再見面，結果當然只有繼續撒謊。

一旦這樣的謊言被揭穿，結局是非常悲慘的。不僅在此之前被對方認爲是優點的地方都會一筆勾銷，甚至連自己本來就擁有的優點也會連帶遭到否認。本來只是想讓自己在對方的心目中有一個比較好的形象，卻沒有想到結局如此出人意料。

這就是所謂「不破壞人際關係的說話方式」，仔細思索其中的邏輯，會覺得似乎很離譜，然而這卻是我們日常生活當中經常使用的說話方式。所謂「外交辭令」的撒謊，最常見到的現象。

有時候有人會向你拜託某件事，你可能會回答對方：「可以，沒有問題」，而事實上，你卻沒有空，結果就變成在撒謊。

假設有人打電話進來，而你當時非常忙碌，甚至沒有辦法空出手來接電話，但爲了維持人際關係卻不得不說謊。

打電話過來的人，很少有人會先問一下對方：「你現在有空嗎？」一般都是直接說起事情來。接電話的人通常不會主動說出「我現在很忙」之類的話，即使對方問：「你現在有空嗎？」一般人還是會勉強自己騙對方說「有」。

新屋落成的通知請帖上，經常會在最後寫上這樣的話：「如果您到我的新居附近，請一定要來我家作客。」但是，如果你真的沒有事先通知對方，就唐突地到對方的新居，往往會給對方造成困擾。

另外，有的人會在談話結束的時候告訴對方：「隨時歡迎您來作客。」但是，如果繼續追問「隨時」到底是指什麼時候，對方經常會答不上來。

實際上，這類話就是「外交辭令」，只不過是單純的想要客套一下，以表達自己的熱情，僅僅是說說罷了。

儘管這些「外交辭令」並不是眞心話，但不可否認的，就是在這樣的互相寒暄中，使得生活漸漸變得圓融起來。

有時候，人際關係也必須要通過這樣言不由衷的話語來維持。

體貼與說謊只有一線之隔

在儘量避免和別人接觸的「體貼」當中，沒有相互瞭解，結果變成是「為了保護自己的體貼」，實際上也就是不自覺的撒了謊。

現代的年輕人和大人對於「體貼」的定義，存在著非常大的區別。

比如，女高中生會說：「從父母親那裡要零用錢，是爲了要讓他們感受到身爲家長的感覺，這就是一種體貼。」

在公車上，有的年輕人不讓座給老年人，反而裝睡，他們的解釋竟然是：「這麼做是因爲我沒有把那個人看成是老人，這不是很貼心嗎？」

對於那些覺得應該要給老人們讓座才是體貼表現的人來說，年輕人這樣的解釋實在是太讓人吃驚了。

這些人以「體貼」為藉口，替自己的行為辯解，其實就是撒謊。

但是，有人說：「撒謊的人，實際上是對別人的傷痛的一種體貼表現。」持這種觀點的人主張，越是對自己的慾望表現出坦誠的人，就越會變成撒謊的人，而且，那些知道自己的弱點就是撒謊的人，對於會撒謊的其他人，也會變得很寬容、很體貼。相反的，認為自己才是對的人反而不會輕易原諒對方的缺點。

從另外一個方面解釋則可以說是，如果把別人的傷痛當成是自己的傷痛，越是在日常生活當中為了處理複雜的人際關係，而不得已撒謊的人，越會體貼別人。

從剛才提到的例子來看，那些覺得沒有必要讓座的年輕人，可能曾經有過要給老人讓座，卻遭到對方拒絕的尷尬體驗。後來，他們為了不再次遇到同樣的事情，於是就選擇避免直接和外人接觸，最終形成這種所謂「體貼」的定義。

但是，在儘量避免和別人接觸的「體貼」當中，他們卻沒有相互瞭解，或者是相互感受對方的內心想法，結果變成是「為了保護自己的體貼」，實際上也就是不自覺的撒了謊。

矇騙對方的同時，可能被對方矇騙

我們可能在這樣的場合下撒這樣的謊，在那樣的場合撒那樣的謊，有時候在矇騙對方的同時，也被對方給矇騙了。

在這個爾虞我詐的社會裡，人的本性本來就是狡猾虛僞、欺詐殘忍、言行不一，因此，如果你不想受傷害，就必須具備識破「騙人與被騙」的智慧，如此一來才能避開各種陷阱和危機。

不管置身任何場合，我們都不能過度強調人性的光明面，而對別人不加以防範，淪爲「容易上鉤的魚」。

因爲，人性並不完美，因此如果你的眼中看見的都是正人君子，那麼，就註定你要因爲自己不長眼睛而遭殃。

說到撒謊，一般會聯想到的是「騙人的人」和「被騙的人」。

有位行爲心理學家對我們認知的「矇騙和被矇騙」的人際關係，提出了不一樣的看法。他認爲實際上也存在著並不只是「矇騙和被矇騙」關係的謊言。另外，他也認爲謊言並不同時存在著「揭露和被揭露」的特點。

這位心理學家舉例說，很多冤案當中，那些原來坦承罪行的犯人在第二次調查取證的時候推翻供詞，最後都獲得無罪宣判。

他們第一次承認犯罪的時候，好像鬼迷心竅似的，說出了一些好像是實情的謊言來，構成了所謂的「虛僞的坦白」。

如果是眞正的犯人否認自己所犯下的罪行，那麼他就很明顯的在撒謊。檢察官爲了不被矇騙，就要採取揭露謊言的心態來調查整個案件。

所謂的調查取證，基本上是以嫌疑人就是罪犯的前提進行調查。

而那些極力想要證明自己毫無罪過的人，最後可能因爲實在是沒有辦法忍受別人不聽他們的辯解，而做出了「坦白」的行爲。

案件調查從兇器、屍體、蒐證漸漸開展。如果一開始的假設就不是事實，那麼接下來的調查，當然會往錯誤的方向發展。這樣一來，並不是一個人在說謊，而是很多人一起編織了一個謊言的大綱。

我們處於這樣的社會環境當中，夫婦之間、父母親和孩子之間、老師和學生之間、上司和部下之間，各自都背負著不同的角色關係。從前面的觀點來思考，我們其實是在共同製造出自己所期待的角色，謊言的大綱並不是個人的所作所爲，而是整個社會的共同行爲。

只要我們好好回想一下，可能就會發現自己在這樣的場合下撒這樣的謊，在那樣的場合撒那樣的謊，有時候，我們也會在不知不覺當中，在矇騙對方的同時，也被對方給矇騙了。

撒謊是人際關係的潤滑劑

「撒謊是人與人之間的潤滑劑」。大概有百分之七十到八十的人承認「偶爾撒一點謊，也是不得已的情況」。

信口開河是小人最常見的面貌，恭維與承諾則是他們最常使用的武器，言而無信則是他們一貫的行徑。

因爲，虛情假意最能模糊別人的視聽，也最能掩飾自己的卑劣的動機，而背信忘義則是爲了保住自己的既得利益。

現實生活中，吃了小人的暗虧，上當過一次之後，就要懂得小心提防這些騙人伎倆，千萬別再受到第二次欺騙。

在我們的生活週遭，之所以會有那麼喜歡說謊的人，原因就在於他們渴望獲得某些利益，或是恐懼失去某些賴以維生的屏障，因此才會不擇手段地想要透過說謊欺騙別人或是討好別人。

在人際關係當中，謊話到底會給人什麼樣的觀感呢？行爲心理學家曾透過問卷調查，分析了一般人對「撒謊的印象」，根據分析結果，大致可以分爲四種類型。

一、否定類型。這樣的人對撒謊有很不好的印象，認爲撒謊「是矇騙人的行爲」，或者是「很壞的」、「很狡猾的」，總之，就是對撒謊持完全否定的態度。

二、消極的肯定類型。這樣的人覺得「撒謊可能有某些必要性，但無論如何，撒謊還是不對的」，或者認爲「盡可能不要撒謊」，這樣的人用這樣的想法來消極地承認撒謊的行爲。

三、積極的肯定類型。持有這樣的想法的人，認爲「撒謊是很方便的」，對撒謊所造成的效果持積極肯定的態度。

四、總論性的記敘類型。這樣的人對於撒謊到底是好還是壞，或者是否有必要撒謊，都沒有明確提出自己的態度。而是好像字典一樣，說出一些論述性的意見，比如「撒謊可以減少人和人之間的摩擦」或者「撒謊是人與人之間的潤滑劑」。

調查對象不論是大學生、社會人士、男性或女性，都佔有相近的比率。

這四種類型出現比例最多的，是第三種「積極的肯定類型」，大概佔總數的百分之三十到四十之間。

其次比較多的是第一種「否定的類型」，大概佔總數的百分之二十到三十之間。第四種「總論性的記敘類型」的人，佔了總數的百分之二十左右；第二種類型「消極的肯定類型」的人只佔了百分之十左右。

從上面的分析，我們可以知道，大概有百分之七十到八十的人承認「偶爾撒一點謊，也是不得已的情況」。

比起男人，女人更能表白自己的謊言

不管是有意撒謊，或者是出於無奈而撒謊，有的人對於這樣的自己覺得很厭惡，很多人都是處於理想和現實的矛盾當中的。

據統計，女性大約有百分之八十五的人有過撒謊的經歷，這是不是可以說明女性比男性更會撒謊呢？

心理學家說，這樣的差別，要從性別的差異來進行考慮。

第一點，根據心理治療專家休拉魯多的診療經驗發現，女性比起男性具有更容易自我表白的特點。

特別是面對自己的母親或者是朋友時，女性尤其容易向對方表白自己的心意。所謂的「自我表白」，就是把自己的情況、自己的心意透過言語，向別人誠實表達出來。從這個「自我表白」的性別差異上來看，女性比起男性，更願意把自己曾經撒謊的經歷記錄下來。

第二點，比起男性，女性更加具有撒謊的動機。

撒謊的時候，女性因爲動機比較強烈，所以在記憶當中也就相對的可以保存比較長的時間。反過來說，男性撒謊的時候動機性較低，比較不容易把撒謊的行爲保存在自己的記憶裡。於是，對自己的撒謊行爲比較有印象的女性，自然也就會在問卷當中填寫自己撒謊的經歷。

第三點，男性即使是撒了謊，也不會向外人透露，這是男性的特性。

男人即使說謊，也會在大家面前不斷辯解：「我不記得我撒過謊。」或者說：「我並沒有撒謊。」

填寫有過撒謊經歷的女大學生，有百分之五十五的人對撒謊的印象是「肯定」類型，「否定」類型的人的則佔百分之二十四。

另外，在男大學生中，承認自己有過撒謊經歷的人，有百分之四十六的人對撒謊的印象屬於「肯定」類型，而有百分之三十一的人屬於「否定」類型。

與這些資料相對的，認爲自己沒有過撒謊的經歷的人當中，對撒謊的印象屬於「肯定」類型的人佔了百分之三十四，而屬於「否定」類型的人佔了百分之二十一。

也就是說，雖然這些人覺得撒謊是不好的行爲，並對撒謊抱有否定的態度，但是女性當中，還是有百分之二十四的人，男性有百分之三十一的人都有撒謊過的經歷。至於把撒謊和不好的行爲劃上等號，可能只是一種表面的說法而已。

對自己說謊的經歷當中，有的人認爲：「不管是有意撒謊，或者是出於無奈而撒謊，對於這樣的自己，都覺得很厭惡。」

這也說明了，有很多人都是處於理想和現實的矛盾當中的。

心理學家也指出一種現象，公開宣稱「撒謊是不好的行爲」或者說「撒謊在有些情況下可能是必要的，但是，這樣的行爲還是不對的」，越是這樣說明的人，反而撒的謊越多。

男人和女人說謊理由大不相同

男性透過撒謊使自己處於比對方要優勢的地位。相對於男性，女性的撒謊通常都是為了要和對方保持良好的人際關係。

行爲心理學家透過分析，把撒謊的內容歸類成下列十二種類型。

1. 防備底線。

比如把和別人的約會，用某個理由推辭掉，或者告訴對方自己的行程和目的地與原來的有所變動，把能夠預先想到的麻煩事先避免掉，這種時候撒的謊就叫做「防備底線」。

2. 能力以及經歷。

因爲自己的能力和經歷是低於或者是高於對方，想要在彼此的關係中，自己是處於比較優勢的地位，或是能使雙方關係更爲和諧而說的謊話。

3. 為了避免尷尬場面。

當對方問到你有沒有做什麼事情的時候，雖然明明沒有做，但是馬上就當場和對方說自己做了。例如，不熟的朋友問你吃中餐了沒，你爲了避免要和他一起吃飯而稱自己吃飯了。

4. 利害關係。

當處於和金錢、權力有關的場合時，爲了讓自己和對方的關係是有利於自己的，就會說出一些撒謊的話來。

5. 依賴性。

這類型的撒謊，包含希望對方能夠理解自己的感情，同時也希望對方能夠保護自己。

6. 隱瞞罪惡。

爲了隱瞞自己所做出的不好的事情而撒的謊。

7. 合理化。

說出一些理由，爲自己不能遵守約定，或者爲自己約會遲到找一些藉口。爲了避免被對方責備，在對方開口之前，搶先說出自己編造的理由和藉口，這樣的撒謊是爲了合理化自己的行爲。

8. 破壞約定。

一旦和對方約定了，卻因爲某些原因而不能夠遵守，這種時候所說出的謊言，不一定都是有意圖而撒的謊。

9. 體貼對方。

如果說出實話的話，可能會對對方造成傷害，爲了避免給對方造成傷害而撒的謊。

10. 找藉口。

即使知道事情的眞相，但是還是覺得雙方可以不去計較，可以一笑置之，透過開玩笑的形式來撒的謊。

11. 誤會。

與其說是撒謊，還不如說是由於自己的知識常識不足，而導致誤會，結果變成了說謊。

12.面子問題。

雖然自己買的彩票沒有中獎，卻告訴別人「我中獎了」，或者，明明沒有女朋友，卻告訴對方「我有女朋友了」……等等，是爲了讓自己在別人面前的形象能夠比較好而撒的謊。

對於那些覺得「撒謊是很有必要的」或者是覺得「撒謊很方便」的人來說，大部分的人可以認同的是第一種避免麻煩的人際關係和問題的「防備底線」謊言，以及第七種想要維護人際關係，和保護自己的「合理化」謊言，還有第三種「爲了避免尷尬場面」的謊言。

對許多社會新鮮人來說，雖然自己所具備的能力和實力還不成熟，但是爲了使對方留下比較好的印象，在他們所說的謊話當中，有很多是屬於「面子問題」的謊言。

另一方面，在社會人士當中，爲了不破壞既有的人際關係，爲了「體貼對方」而撒的謊受到比較多的認可。

另外，男性的謊話大多是「爲了避免尷尬的場面」或者是爲了「利害關係」而撒謊，也就是說，男性所說的謊話多半是爲了保護自己一時間的衝動，所以表面的謊言比較多。

相對來說，女性多半用「防備底線」、「合理化」以及「體貼對方」這類型的謊言來保護自己，也保全了和對方的關係。

在社會人士中，男性既利用「面子問題」和「利害關係」等方式來使自己處於比對方更高的優勢地位，而且還透過「防備底線」的撒謊方式保持人際關係。

對於女性來說，除了使用「防備底線」和「合理化」的方式來保持和對方的友好關係之外，也會透過「爲了避免尷尬場面」方式來撒謊。不管是男性還是女性，社會人士撒謊的範圍都要比學生來得廣泛得多。

通過這樣的分析，心理學家得出這樣的結論：男性既可以一邊透過撒謊來和對方保持良好的人際關係，又可以透過撒謊使自己處於比對方優勢的地位。

相對於男性，女性的撒謊通常都是爲了要和對方保持良好的人際關係。從中我們可以看出男性和女性之間說謊理由的差別。

對象不同，撒謊的程度也不同

男性對自己的孩子所撒的謊，竟然還沒有對自己的配偶撒的謊多。與此相對的，女性對自己的配偶反而沒有怎麼撒過謊。

心理學家指出一個現象，在大學生當中，不管是男性還是女性，撒謊的對象在大部分的情況下，都是自己的父母親，其次就是朋友，再接下來，就是比自己身分要高的人，比如打工的老闆、警察、老師……等等。

對男性來說，和父母親的互動關係一般會進行得較爲順利，「合理化」和「避免尷尬場面」的謊言會比較多。另外，爲了獲得自己的利益而使用的「利害關係」謊言也佔大部分。

對於女性來說，爲了要避免父母親過度干涉自己的事情，爲了保護自己的隱私，她們說的謊話大多是「防備底線」和「合理化」。

另外一方面，和朋友之間的關係，男性和女性也存在著細微的差別。男性對於對方，經常會是透過「面子問題」和「製造藉口」的方式來撒謊。相對來說，女性雖然也會爲了「面子問題」而撒謊，但是更多的情況是爲了「防備底線」，或者「體貼對方」和「避免尷尬場面」而撒謊，從而保持和對方朋友關係。

從這些差異來看，男性是屬於很乾脆的類型，女性則完全相反，是屬於比較猶豫和拖泥帶水的類型。

大學生中，不管是男性還是女性，對於父母親（特別是母親）和地位比自己高的人所撒的謊，卻出奇相似。心理學家指出，這樣的結果可以認爲是：「對於人際關係的處理方式，男女間還沒有明顯的分化。」

一個有趣的統計是，男性撒謊的對象，一般都是自己的配偶、朋友、父母親、上司；至於女性撒謊的對象最多的是自己的孩子，其次才是父母親和朋友，最後是自己的配偶和上司。

從上面的分析，我們可以發現一個很有意思的現象，就是男性對自己的孩子所撒的謊，竟然還沒有對自己的配偶撒的謊多。與此相對的，女性有很多人都對自己的孩子撒謊，對自己的配偶反而沒有怎麼撒過謊。這樣的現象說明，撒謊是可以反映出我們日常生活當中的人際關係的。

男性爲了要保持和自己的配偶的關係，或者是爲了要處理好和上司之間的利害關係，大部分情況下，都是因爲要堅持自己的「防備底線」而撒謊。而且，和朋友的人際關係當中，爲了要繼續保持和朋友的關係，經常是爲了「面子問題」和「能力以及經歷」而撒謊。

而女性想要和所有的人都保持良好的人際關係，所以保持自己的「防備底線」和「避免尷尬場面」的謊言會比較多。但是，對待孩子又經常是爲了「合理化」，或者是爲了「體貼對方」，以及爲了「製造藉口」而撒謊。

PART 3

說一些謊話，使自己的行爲合理化

尋找到一些看起來很正當的理由，
用這些理由來使別人承認自己，
接受自己的行為，這是就所謂的「合理化」。

謊言建構而成的真實世界

為了要和每個人都相處得很愉快，建立良好的人際關係，單純靠真心話是不可能在這個社會上生存下去的。

光靠實話，是不能在這個世界上生活下去的，所以人常常說些假話。

有一則古老的日本傳說，叫做〈能聽見聲音的頭巾〉，講的是從前一個老爺爺，因爲幫助了一隻狐狸，狐狸就送給老爺爺一條頭巾，雖然這條頭巾看起來很髒很舊，但是戴上它可以聽見很多聲音，比如說小鳥的聲音、大樹的聲音，連小河流的聲音都聽得見。

老爺爺利用頭巾聽別人說話收集到的情報幫助了很多人，而且還因此變成了一個有錢人，過著幸福的生活。

偷聽別人談話或許是一件很開心的事情，但如果聽到的是別人說不出口的眞心話，那可能就要另當別論了。並不是所有聽來的眞心話，都能如〈能聽見聲音的頭巾〉這個故事一樣，有一個很圓滿的結局。

最近跟竊聽器有關的產業變得盛行起來。曾經是間諜的必備道具——竊聽器，如今早已進入到我們的日常生活中。

在自己家裡的電話上裝上竊聽器，妻子就能聽到丈夫到底瞞著自己講什麼電話內容。母親在孩子的書包上裝上竊聽器，就能夠聽到孩子和朋友以及老師之間的談話。現代人雖然擁有竊聽器這樣的「能聽見聲音的頭巾」，但是卻不一定都能夠像故事當中的老爺爺一樣獲得幸福。偷聽別人的眞心話之後，反而會變得疑神疑鬼，最終甚至會導致不幸的事情發生。

這是因爲，幾乎每個人都靠著撒謊維繫著自己的人際關係，如果每個人都必須說出眞心話，那麼生活可能就不會像現在這樣輕鬆愉快了。

爲了要和每個人都相處得很愉快，建立良好的人際關係，單純靠眞心話是不可能在這個社會上生存下去的。完全眞實的話，反而會使人與人之間的相處產生矛盾和造成更大的隔閡。

從另外一面來說，如果每個人對對方撒的謊都能夠非常瞭解，那麼最後可能會變得不相信任何人。如果不可以說一些謊言，那麼人與人之間的對話就會變得無法順利進行，甚至連男女之間的戀愛，也都沒有辦法開展了。

孩子從小就被教育著「不可以撒謊」。但是即使是這樣，孩子還是在不知不覺中就學會了撒謊。沒有人教過孩子們撒謊，但是他們卻會區分在不同的場合，使用不同的謊言，而且還知道經由這樣的行爲，就可以處理好複雜的人際關係，還可以融洽地和別人相處。

心理學家說，所謂的青春期，就是對於以前學到的所有道德觀念，和「有時候撒謊也是必要的」這個社會上通用的觀念之間的落差，能夠深刻理解並加以內化的時期，這是每一個人都必須要經歷過的一段時期。經歷過這個時期以後，人才是眞正社會化的開始。

謊話通常透過語言來傳達

撒謊通常是透過語言來傳達的，一個人所說的話到底是不是謊言，都會經由包含在聲音當中的行為和動作來向外界傳達。

我們經常可以聽到這樣的抱怨的聲音：「我爸爸在外面可是一個老好人，但是一回到家裡就不好了。」

心理學家說，在外面是一個老好人的父親，回家就變成另一副模樣，正是巧妙區別了謊言和眞心話在「外面」和在「裡面」要如何使用。

在家裡可能是一個脾氣很壞的父親，但是到了外面，就不會向別人說出自己的眞心話，而讓大家都覺得他是一個好人。

在家裡，父親一般只會說：「我要洗澡了」、「我要吃飯了」、「我要睡覺了」之類沒有感情的話。可以這麼說，這樣的父親，對家人是用自己眞實的內心來相處，至於外人，則是用謊言來對待的。

但是，很多人卻會對這樣的父親產生誤會。

撒謊通常是透過語言來傳達的。但是，一個人所說的話到底是不是謊言，都會經由那個人包含在聲音當中的行爲和動作來向外界傳達。撒謊和外在的言行舉止之間，存在著非常密切的關係。

有一個小學女老師說：「我上課的時候，孩子們有的眼睛看著外面，有的用手撐著腦袋，甚至有的趴在桌子上面。雖然我的聲音一遍又一遍地提高，提醒他們注意自己的姿勢，但還是沒有改變。」

這個老師聲音很細弱，音調很高，的確是很難聽見她的聲音。老師用這樣的聲音上課，孩子們漸漸會覺得很勞累，最後就會產生「隨便都可以」的心理。老師不好的影響，移轉到孩子們身上，透過孩子們不認眞的姿勢表現出來。

聲音是一種可以直接到達對方心靈的行爲。如果你沒有「想要和對方交流」的心理，那麼自己的聲音就沒有辦法傳達給對方。

剛才提到的年輕女教師只是爲了履行自己身爲教師的義務，所以表面上對待孩子們採取很熱心的態度，但事實上她的內心卻沒有眞正想要教育孩子。爲了掩飾她的眞實內心，也就是爲了要對自己撒謊，她不斷對自己和別人說：「最近的孩子上課都很不認眞」或者說「如果我沒有大聲說話，他們就不會聽我上課」。

爲了保持自己的謊言，來達到保護自己的目的，這個老師只好一直用很大的聲音上課，一直到自己的喉嚨開始疼痛，發不出聲音來爲止。到最後，這樣的行爲反而使得自己周遭形成了一個孤獨的個人空間。

用正確的觀點看待謊言

撒謊，有時候可以讓我們更加瞭解一個人的立場。在謊言當中，存在著可以相互瞭解，改善人際關係的作用。

當我們碰見謊言的時候，要採取什麼樣的態度來面對比較好呢？

首先，要判斷清楚，自己碰到的謊言是什麼，最好用比較柔軟的態度來對待。

有位作家在他的著作中說：「當你碰到孩子不小心撒謊，馬上就責備他們沒有任何好處。但是一邊說『這樣啊』，一邊擺出一副相信的臉孔也不是好方式，而表現出很掃興的樣子，則會對孩子造成陰影。最好是把自己的真實內心表現在表情上，盡情地開懷大笑。這樣一來，孩子就會覺得他們可以給大家帶來快樂，他自己的心情也會變得很愉快，整個人格會變得很開朗。」

對愉快的謊言就盡情的開懷大笑，對於惡劣的謊言就要堅決把自己內心的憤怒表現出來。但是，如果站在撒謊一方的立場考慮一下，有的時候對於某些並不嚴重的謊話還是可以稍加容忍，甚至礙於一些特殊的場合，還是有必要表現一下自己寬闊的胸襟，原諒對方。

當父母親面對孩子的謊言的時候，當上司發現部下的謊言的時候，當戀人發現對方的謊言的時候，要區分如何適當使用「憤怒、寬容、容許」等等心態，這樣才能構建出良好的人際關係。

撒謊，有時候可以讓我們更加瞭解一個人的立場。在謊言當中，存在著可以相互瞭解，改善人際關係的作用。

所以，面對謊言時，不見得必須用全盤否定的態度。有時候站在對方的立場想一想，或是就整個形勢來考量，以最適宜的心態來處理一切，不僅能展現自己的氣度，又可以改善彼此間的關係，何樂不爲呢？

強調有利理由，替自己找藉口

事先說了一些小小的謊言，在自己身邊拉起了失敗的預防線，一旦失敗的時候，就會不傷害到自己的自尊心。

「我剛才去和董事長見面，所以遲到了。」召開部門會議的時候，有人會對遲到做出類似的解釋，然後才若無其事地坐到座位上。

諸如此類的話，到底是藉口還是撒謊，當場並沒有辦法做出明確的判斷來辨別眞僞，但是，這種話既能爲自己的遲到找到藉口，並且還能產生「光環效應」，是一種深思熟慮的計謀。

「光環」本來是指神像背後的光圈或者光環，正是因爲有了這樣一個光環，所以神像的神力被放大，讓人看起來覺得很了不起。所謂的「光環效應」就是說，如果一個人有某一個地方很顯著、很好，或者是有什麼地方很壞，那麼人們就會覺得他所有的地方都很優秀，或者所有的地方都很壞。

比如說，身體的魅力、職位、經歷、學歷、人際關係等等，都可以成為一個人的光環。在上面提到的那種場合下，「去見董事長」這樣的人際關係就成為一種光環。聽了這樣的解釋，與會者們都覺得遲到也是「迫不得已的」，甚至還有一部分的人覺得「這個人是一個大人物」，漸漸對他懷有敬意。

突發性的藉口當中，經常都包含著謊言，因為撒謊者為了要讓自己產生光環效應，而且還為了要讓自尊心得到滿足，潛意識裡就會不自覺地選擇一些對自己有利的言語來做為藉口。

玩遊戲或者是體育競技的時候，有一種規則叫做「給勝者加碼」，就是根據雙方的實力，事先對可能獲勝的人扣分，或者是針對他設置比較難的遊戲規則。這個規則，是為了使某項競賽很拿手的人和很不拿手的人可以在同等條件下進行比賽，原意是為了體諒弱者，但有很多人會把這個規則加到自己的身上。

例如，和朋友打高爾夫球之前，有的人會一直不斷地重複同樣的藉口，比如「昨天晚上我喝太多酒了，今天身體狀況不太好」或者「我很久沒有打高爾夫球了，今天可能會打得很不好」之類的藉口。實際上，說這種話的人，可能就在前幾天才練習過，但是，還是說出這樣的謊言。

這種現象就是所謂的「自己給對方加碼」的策略。一旦失敗，不會把失敗的原因歸結到技術層面的問題，而是認爲因爲身體狀況不好，或者是經驗不足等原因，才導致落敗。在自己身邊事先拉起了失敗的預防線，把自己的失敗統統歸結爲外在原因，替自己事先找好了失敗時的藉口。

換句話說，這樣的人事先就說了一些小小的謊言，一旦失敗或者是輸給別人的時候，就會不傷害到自己的自尊心。

從小動作看透對方說謊的能力

有的時候不能完全理解丈夫的心理，但如果不是惡意的謊言，那麼可能不知道反而會令兩個人更加幸福。

這項心理測驗能測出你是否具有看透謊言的能力。

把自己當作是妻子，下面羅列出來的是丈夫的言行舉止。請對這些言行舉止進行推測，判斷「這一定是他在撒謊」或者「這可能是他想對我隱瞞什麼事情」，選出你認爲是的選項。

1. 當妻子對丈夫說「你今天回來得好晚」的時候，丈夫很流利地就說出晚回來的理由。
2. 妻子一直喊「咖啡泡好了」，但是叫了好幾次了，丈夫卻一直沒有來餐廳。

3.一邊看報紙，一邊還在晃腿，或者是把腳交疊起來，身體總是安定不下來。

4.一邊說著無關緊要的話，一邊把手交叉起來，或者不斷地握自己的雙手。

5.一邊說「可能可以吧」，一邊用手觸摸自己的嘴巴或是鼻子周圍的地方。

6.當妻子問丈夫禮拜天要去哪裡，丈夫簡短的回說要和同事去打高爾夫球，表情很冷淡。

7.丈夫說「嗯，是這樣的」或者說「是的，是的」，不斷做出肯定的回答，非常地聽話。

8.總是不自覺迴避妻子的眼光。

9.早上出門之前，對妻子說完「我要出門了」之後，臉上的笑容就消失了。

以上列舉的這些描述，都是人在撒謊的時候，或者是在心理出現動搖的時候所做出的行爲。

因此，選擇的項目越多的人，就越具有看透別人謊言的能力。男性如果注意一下自己這種時候的行為，也就能瞭解自己當時的心理活動。

從言行舉止正確解讀對方的心理的能力，叫做社會性的智慧指數。從自己得到的分數的高低，可以把人的社會性的智慧指數分成三個級別。

一、社會性的智慧指數達到優秀的妻子（選擇的項目達到七個以上）

能夠正確理解丈夫的言行、表情、話語，但是，正因為太過於瞭解丈夫的心理了，心理上容易會產生疲勞感。

有的時候，不妨扮演一個「不是那麼聰明的妻子」，這樣反而能夠創造出圓滿的夫妻關係，也許是一個很値得嘗試的方法。

二、社會性的智慧指數為普通的妻子（選擇的項目達到四個到六個）

有的時候可以馬上就知道丈夫在撒謊，有的時候卻完全不能理解丈夫的心理，這樣的妻子對丈夫的言行舉止尚不能夠完全掌握。

但是，這種程度的洞察力就已經足夠了。因為如果不是惡意的謊言，那麼可能不知道反而會令兩個人更加幸福。

三、社會性的智慧指數不足的妻子（選擇的項目在三個以下）

對丈夫的謊言幾乎都不知道，不僅僅是「沒有洞察謊言的能力」，甚至有可能「不瞭解丈夫的心理狀態」。

這樣的情形在關係不是很好的夫婦之間經常可以看到，對丈夫的言行舉止要多加關心，雙方的交流互動也很重要。

說一些謊話，使自己的行為合理化

尋找到一些看起來很正當的理由，用這些理由來使別人承認自己，接受自己的行為，這是就所謂的「合理化」。

「精心策劃的謊言」是爲了保護自己而說出的善意的謊言，或惡意的謊言。至於通過撒謊來保護自己的技術，則是一種防衛機制。

有一個被大家視爲是騙子的政界人士，對自己的行爲辯解道：「我已經盡了我最大的努力了。」「我是採取我所能想到最好的解決方法來處理的。」但是，只要大家看一下他說話時候的表情，就會覺得他一定在撒謊。

像這樣的人，大都是有這樣的心理：「我並不認爲我是在撒謊」，並且還心安理得地認爲「我是爲了人民的利益，爲了社會的利益才做這樣的事情」，即使大家都對他的行爲惡語相向，也不過是對牛彈琴，沒有任何的用處。

精神分析學的創始人弗洛伊德，把這樣的行爲稱做是「防衛機制」，並提出了一個很難理解的概念：當我們處於一種強烈不安的處境的時候，心理上就會產生恐慌的感覺，於是就會通過所謂的「防衛機制」，企圖讓自己突破目前不利的局面，並且在這樣的局面當中保護自己。這是自我防衛手段的一種表現。

所謂的「防衛機制」，在別人眼中，可以說是一種「適當的撒謊」，但本人卻絕對不會認爲自己是在撒謊，這就是「防衛機制」的一個特點。

也就是說，如果本人覺得自己這樣的行爲是在撒謊，那就意味著他的這種行爲不屬於「防衛機制」的範圍。

剛才的例子，就體現了「防衛機制」。當別人爲他的行爲感到憤怒的時候，這樣的人卻沒有意識到，還覺得很莫名其妙：「爲什麼那麼緊張呀？」

當自己失敗，或者是缺點明顯暴露的時候，把這些失敗和缺點透過各式各樣的理由正當化以後，就能夠讓自己從挫折感、罪惡感、劣等感當中解脫出來。

也就是說，尋找到一些看起來很正當的理由，用這些理由來使別人承認自己，接受自己的行爲，這是就所謂的「合理化」。

「合理化」的另一個典型，就是「酸葡萄理論」。

《伊索寓言》裡面，有這樣一個故事：森林中，有一隻狐狸發現一座莊園裡面有一個葡萄架，架子上面結著看起來好像很好吃的葡萄。

狐狸不斷地跳起來，想要摘葡萄吃，但是跳了好幾次，總是搆不著，於是狐狸就想：「那些葡萄雖然看起來很好吃，但實際上一定是很酸的葡萄。」狐狸一邊這樣想著，一邊就走了。

狐狸其實很想吃到那些好吃的葡萄，但是因爲彈跳力不夠好，以致於最後沒有辦法採到葡萄。然而，狐狸卻不肯承認是因爲自己的彈跳力不好。如果狐狸這樣想，就會傷害到自己的自尊心，還有可能會對自己失去信心，於是就把自己吃不到葡萄的理由，歸結爲「因爲那裡的葡萄很酸，所以沒有必要採來吃」。這樣的原因，使自己的失敗合理化了。

假設有一個很漂亮的女性，不管男性怎麼追求都不肯答應。這種時候，被拒絕的男性就會想：「再怎麼漂亮的美女，看久了也會覺得厭煩」，或者：「美女只不過是外表好看而已」，透過這樣的想法來使自己的失敗合理化。

更進一步分析，「合理化」還有所謂的「甜檸檬理論」。就是把自己做的事情誇大了，過度評價自己做過的事情。

假設上面提到的那個被美女拒絕了的男性，後來和一個長相很平凡的女性結婚，這種時候，他可能會想：「和這個女性結婚，眞的是太好了。我的確很有看女性的眼光」或者：「雖然被拒絕了。但是，卻是一件好事情呀」。這種心理正是過度稱讚自己的判斷力和努力。

不論是吃不到葡萄就說葡萄酸，或是宣稱自己擁有的酸檸檬眞是好甜，企圖說些謊話使自己的一切舉動看起來有其道理，以此進行自我安慰，其實都是爲了要保護自己的自尊心。

逃避，使不想面對的事暫時遠離

現實生活當中，沒有辦法實現的慾望，會透過幻想來得到實現。透過幻想，能暫時躲避自己不想面對的現實環境。

「逃避」是在自己的慾望和願望不能達到預期的時候，採取放棄的態度，從對自己不利的局面當中逃脫出來的行爲。

這樣一來，可以使自己不安的情緒暫時得到緩解，從心理學的角度來說，這是一種「逃避尷尬場面的謊言」。

所謂的「逃避」行爲，包含以下的行爲。

其一是退避，想讓自己從當時的局面解脫出來。

比如說，必須要做一些自己不喜歡做的事情的時候，或者是在進行一些很難交涉的事情的時候，或者是要出席一個自己很不喜歡參加的會議的時候，就會製造一些藉口，謊稱突然發生了什麼急事，然後讓自己從當時的局面解脫出來。有的人在和對方交談的時候，一旦到了場面氣氛變差的時候，就藉口說要去洗手間而逃離現場。離開現場，是最直接的逃避行爲。

其二則會通過幻想來逃避。

現實生活當中，沒有辦法實現的慾望，會透過幻想來得到實現。譬如說，在聽一個很無聊的演講的時候，或者是在做著很無聊的工作的時候，雖然表面上看起來好像是在學習或者是在工作，但實際上卻是在發呆，想著去哪裡玩，想著等會兒要吃什麼東西，想著自己的戀人或朋友，也就是通過幻想，掩飾自己「不想做這樣的事情」的眞實內心。

所謂的白日夢，是這個現象的典型例子。

比如說，有的男性邀請女性友人約會，卻被拒絕了。如果承認自己被拒絕的事實，自尊心就會受到傷害，有的人就會想像自己和美女在西餐廳吃飯，在夜晚的公園裡散步，在浪漫的燈光下接吻等等情景。

透過幻想，能暫時躲避自己不想面對的現實環境。

其三是逃避到其他環境去。

把現在必須要做的事情延後，優先做其他不相關事情，或者是沈迷於自己的興趣、愛好和娛樂當中，企圖掩蓋自己不安的心態。

例如，明天要考試，今天卻還沈迷於漫畫和小說當中，想要讓自己忘記考試的事情；上課的時候，沒有辦法理解老師上課的內容，偷偷在台下做其他事情，如看一些和課堂上沒有關係的書，或者是寫信等等。有些失戀的男性，則不顧一切拚命地工作，或者是一心一意投入到學業中。

將注意力放在其他事情上，能使自己暫時忘卻不如意不順利的事。

其四會透過使自己生病來逃避現實。

這是指真的出現頭痛，或者是肚子痛的病情，而沒有辦法上班或上學。有的人甚至嚴重到耳朵聽不見，眼睛看不見，說不出話來的程度。這個現象，是當事人想讓大家都看到他生病了，覺得「既然都生病了，那就沒有辦法了」，覺得通過生病逃避，是一個很方便的方法。

有的女性，有時候必須要去和自己不喜歡的男性約會，往往就在要出門的時候，肚子突然痛了起來；有的職員，一旦在自己很討厭的會議時間臨近的時候，頭就會突然開始痛起來。情況嚴重的，還有職員碰到自己很討厭的上司，脖子就會轉不到上司的那個方向。

這些都是因爲想要逃避現實的心理，而產生的生理病症。

你看到的表象不一定是真相

有的人擔心如果把自己內心真正的要求如實地表現出來，別人對自己的評價可能會有所降低，因此表現出「反面行為」。

把自己心中覺得很不好的事情，轉嫁到別人身上，就是所謂的「投射」。比如，有的部下很憎恨上司，但是不會直接說「我很討厭我的上司」，而是會對外宣稱「我被上司疏遠了」，藉由這樣的行爲來歪曲事實。

有的女性會說：「最近他對我變得很冷淡，一定是想要和我分手」，實際上，卻是她自己對交往很久的男性漸漸覺得不喜歡了，周圍的人很可能會因此而說她是「很冷血的女性」，她擔心會有這樣的評價，於是便找出這樣的藉口，把自己眞實的心態，轉嫁到男性身上。

也就是說，透過「我本人並不是這樣想的，但對方卻是這麼想的」的形式，隱藏自己真實的內心，而說出謊言。如果撒謊者是意識很強的人，往往就具有「投射」的自我防衛機制。

至於自己將對某一個人的感情或者是態度，轉換到另一個沒有危害的人身上，以此解除自己的不安情緒，是所謂的「調換」。

比如，對自己的父親懷有很強烈感情的女性，可能就會對和父親差不多年紀的上司產生愛情；有戀母情結的男性，可能會把自己對母親的感情，轉換到跟自己的母親很相似的女性身上；除此之外，有的人可能會把自己對父親的憎恨，轉換到上司或者是老師身上。

曾經聽說過這樣的一件事情，有一個男性第一次到女朋友家裡去吃飯，回家的路上，女朋友對他說：「我媽媽做的料理不好吃吧？沒關係，以後，我會做很好吃的料理給你吃的。」

男朋友一聽到女朋友說出這樣的話，就下定決心要和她分手了。

因爲這個男性有戀母情結，他在自己的女朋友面前雖然曾經說「我不喜歡我的母親」，但實際上這只是謊話而已，他是很喜歡自己的母親的。

和他的母親很相似的女朋友，一邊在心理上盡力想要和男朋友的母親保持一定的距離，同時也想迎合男朋友的心理，因而說出「我也不喜歡我的母親」這樣的話，並且對母親做的料理批評了一番。最後，這個女朋友因爲沒有眞正理解男朋友的謊言，而被拋棄了。

有的人對自己內心眞正的要求，會有一定程度上的意識，但是卻擔心如果把這種要求如實表現出來，別人對自己的評價可能會降低，這個時候會表現出和內心眞實的想法完全相反的態度或行爲，這樣的言行舉止就是所謂的「反面行爲」。

有的部下對上司阿諛奉承，上司說東他不會說西，這樣的部下經常會獲得上司的信任，成爲上司的心腹。

但是，有的時候，部下這樣的行爲，反而是對上司的厭惡感而表現出來的反面行爲。這是因爲，如果把自己的眞心話表現出來，在社會上是根本不能生存下去的，而且還會影響到自己的發展。

由於有這樣的擔心，所以就採取反面的行爲。

如果上司沒有眞正理解部下的內心，沒有看透他的謊言，只是一味信賴這樣的部下，那麼就很有可能會在一些重要的場合被這樣的部下背叛，遭受到慘痛的打擊。有些人一旦喝醉酒，就會開始說上司的壞話，這樣的人有很大部分是對上司具有「反面行爲」的部下。

有的女性對外界宣稱：「我對男人完全沒有興趣」，或者有的男性說：「那些看裸體照片的傢伙都是變態」，然而他們卻是在背地裡，津津有味地做這些事情，在大家面前說出完全是相反的謊言，就是爲了要隱藏自己的眞實內心。

說謊，有時是為失敗預做準備

經常採取「為自己的失敗事先拉起防備線」策略的人，可能會被認為是「這個人又在找藉口了」而導致在別人心目中的評價反而降低。

在普林頓大學，有一次教練觀察了一下游泳隊的隊員們的訓練強度，卻意外發現，在不怎麼重要的比賽之前，每一個學生都照平時的訓練，並沒有改變自己的訓練強度。但是，一旦到了重要比賽前，就會出現許多人增加自己訓練的強度，只有一些人沒有加強自己的訓練強度。

研究結果顯示，比賽之前沒有打算增加自己訓練強度的運動員，一般都是那些經常在比賽之前，給自己的失敗事先拉起防備線的人，對自己的成績沒有什麼自信。

這樣的運動員，總是在事先就爲自己的失敗製造「練習不足」的藉口。而且，那些越是對自己評價偏低的人，爲自己的失敗事先拉起防備線的可能性就越高。

但是，「爲自己的失敗事先拉起防備線」的策略，在測試知識能力的時候，有時候還是很有效果的，心理學家就曾經舉行了這樣的心理測試。

實驗的前半部分，請參加者回答問題。但是半數以上參加者的題目，是根本就不可能回答出來的，因爲這些題目都沒有答案。

後半部分的實驗，給參加者兩種藥物，告訴他們其中有一種藥物「具有促進知識的功能」，而另外一種藥物「具有抑制知識的功能」，然後叫參加者選擇其中一種藥物喝下去以後，再進行和前半部同樣的問題測試。

結果是，爲那些不可能有答案的問題而苦惱的參加者，有百分之六十的人，都選擇「具有抑制知識的功能」的藥物。但是，挑戰那些還是有可能回答出來的題目的人當中，僅僅有約百分之十八的人選擇了「具有抑制知識的功能」的藥物。

那些預先覺得自己無法解決問題的人，喝下了「具有抑制知識的功能」的藥物，爲自己的失敗事先拉起了防備的線。

而事實上，他們心裡也想選擇「具有能夠促進知識的功能」的藥物，也就是喝了能夠讓人的腦袋變得聰明的藥物，「喝了以後就能夠拿到好的成績」的想法雖然還是存在的，但是爲了替自己可能會重複之前的失敗做準備，最後還是選擇了「具有抑制知識的功能」的藥物。

也就是說，選擇了「具有抑制知識的功能」的藥物，就可以不傷害到自己的自尊心了。

這就是所謂的「爲自己的失敗事先拉起防備線」的策略。

但是，明明知道自己可以勝任，卻還是說：「我是一個不太會說話的人」或者「可能因爲以前沒有做過，會有一點生疏」「我不太習慣這樣的工作」「我太忙了，都沒有時間來準備」等等……藉口，結果會是怎麼樣呢？

有的人認爲透過「爲自己的失敗事先拉起防備線」的策略，使自己的心態變得輕鬆一些，才能夠發揮出平常的實力來。

但是，經常採取「爲自己的失敗事先拉起防備線」策略的人，可能會被大家認爲是「這個人又在找藉口了」或者「這個人好像沒有什麼自信心」而導致自己在別人心目中的評價反而降低了。

PART 4

越想遮掩，越會用謊言敷衍

人對於自己特別感興趣的人事物，
都會特別的注意，
留在腦海中的記憶也就特別深刻，
說「不記得」的人通常是在撒謊。

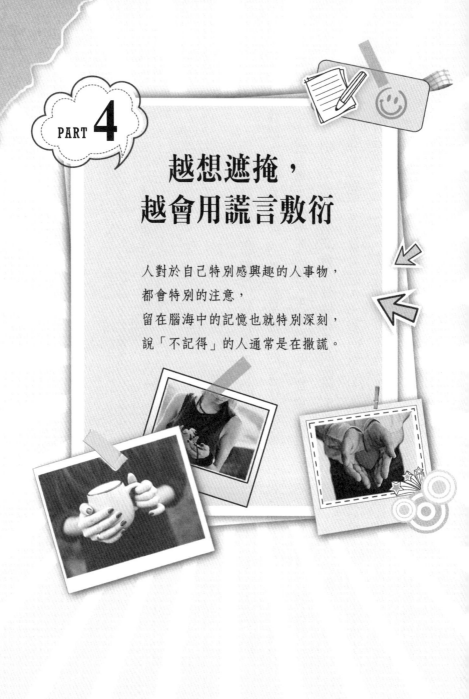

寧可說一些謊言，袒護自己的判斷

即使有的上司對自己的領導才能覺得存在著什麼問題，也絕對不會承認的，因而會說謊維護自己的自尊心。

如果新設計的企劃書得到賞識，有的主管就會向外宣稱：「都是因為我的緣故」，一旦失敗，又全部是部下的責任。這樣的上司為數不少，說明了總結成功或者是失敗的原因時，大多數的人都會不自覺產生「自我袒護」的心理。

例如，請一個家教來輔導孩子的數學，經過他的輔導，孩子的數學成績不斷上升，這個老師就會說：「我的教學方法比較好，所以孩子的數學成績會不斷的提高。」此時，他對自己的評價很高。

但是，如果家教老師不管怎麼教，孩子的成績還是沒有提高，那麼他可能就會說：「這個孩子的智力可能有問題。」此時，對孩子的評價顯得很低。

也就是說，如果孩子的成績提高了，就是自己的功勞，成績若是沒有提高，就是孩子的問題，這就是偏袒自己的做法。

如果有一個部門主管受到上級的表揚：「我最近發現你領導的部門成績很不錯。」這個主管可能就會說：「我總是用盡心力地想要領導好部下。」在表現自己謙遜的同時，也向上級展現一下自己的領導才能。

如果有一個科長被上級責罵：「你這個部門竟然拿出這樣的成績，實在是太不像話了。」這個科長可能就會說：「我天天都在教育部下，但是他們好像沒有把我的話聽進去，實在是很讓我爲難。」在這種狀況下，人就會爲自己尋找藉口。

有的上司即使對自己的領導才能，隱隱約約覺得存在著什麼問題，也是絕對不會承認的，因爲這樣會傷害到自己的自尊心。這時，就會對自己撒謊說：「我的指導方法是沒有存在什麼問題的」，或者「並不是因爲我的領導才能不高的原因，而是因爲最近的年輕人眞是不行」，藉此掩飾自己的眞實內心與實際狀況，發表一些袒護自己的謊言。

袒護自己的言行舉止，是在毫無意識的情況下說出的謊言。通過袒護自己的言行，可以減輕自己的壓力，不讓自己失去自信心。但若是自我袒護的言行舉止太過分，會給別人留下「這個人很不負責任」或者「這個人只會爭功諉過」的印象，從而對他敬而遠之，所以這樣的人必須要有自省的心態。

有的公司職員才剛進公司，就被貼上「沒有用」的標籤。他們爲了改變自己的形象，可謂是費盡了心思。但是，想要改變自己的評價是一件很難的事情。

有一個心理實驗，挑選A和B兩個小孩子，讓他們分別做一些數學的題目，然後讓一個第三者對他們的將來進行評價。

孩子A所做的題目，前半部分有答案，而後半部的題目根本就做不出答案。孩子B的題目，前半部分有很多題目都是做不出答案的，而到了後半部分才漸漸設置一些可以有答案的題目。也就是說，兩個人最後的成績應該是一樣的。

一直在旁邊看著他們做題目的第三者，在前面一半的題目完成的時候，就做出評價：「孩子A比較優秀，他將來一定會很有成就。」

接著，A孩子做到了後半部分的題目，漸漸做得不好了，第三者就會說：「可能是他做到後面的時候，變得不專心了。」或者找藉口說：「他做後面的題目時，運氣變得不好了。」

一旦被貼上了「能力很高」或者是「能力很低」的標籤，即使後面的言行舉止和所獲得的評價不一致，但是，別人對於這個人的評價很難再改變了。

如果承認「我最初的判斷是錯誤的」，就等於說自己的判斷能力存在著問題。於是，許多參加心理實驗的人就把一個人後來表現不好的原因說成是「當事人的不努力」或者「當事人的運氣不好」，藉由一些藉口，來保護自己的自尊心，證實「自己的判斷是沒有錯誤的」。

一個很受到主管看重、袒護的部下若是沒有把事情辦好，主管就會說：「如果他認眞做的話，應該是可以做好的」或者「這次他的運氣不太好」之類的話，來爲部下開脫，成爲部下的保護傘。

其實，這些都只是爲了自己的自尊心而說出的謊言罷了。

越想遮掩，越會用謊言敷衍

人對於自己特別感興趣的人事物，都會特別的注意，留在腦海中的記憶也就特別深刻，說「不記得」的人通常是在撒謊。

「我不記得有這麼一回事。」這句話是說謊者最常見的語言公式。

如果有人總是說「我不記得有這麼一回事情」之類的話，那可能會產生很大的反彈，被其他人說：「你不要再騙人了，我可不是傻瓜。」

儘管大家都知道這是騙人的話語，但爲什麼許多捲入醜聞的社會名流常常在發言的時候說：「我不記得有這麼一回事」？

他們爲什麼將這句話使用得這麼頻繁呢？

有一個心理實驗是這樣的，心理學家讓一個人在一間屋子裡面，認眞地記住五個人的面孔，然後在另外一間不一樣的屋子裡面，再讓這個人認真記住另外五個人的面孔。接著，心理學家問這個人和什麼人見過面，一般都有百分之九十六的正確率，而且也能夠把每個人的面孔回憶起來。

但是，很有趣的是，如果問這個人，分別在哪個屋子裡見了哪個人，那麼回答的正確率，就落到只有百分之五十。

「我雖然見過這個人的面孔，但是，到底是在哪裡見到的，記得不太清楚了。」一般人都是這樣回答的。

從這個實驗中，我們可以發現，人對於別人的面孔是比較容易記住的，而對於其他的情報，例如場所，就很難保留在記憶當中。如果雙方交換了名片了，或者將時間、地點、事件等等，都一一記錄在筆記本上，那麼可能還會回想起當時的情景。

因此，有的人被傳喚做證人的時候會說：「我記得和這個人見過面，但是在哪裡見的面，說了些什麼話，卻記不太清楚了。」心理學家指出，做這種陳述的證人並非都是在撒謊。

「我今天看到你和一個年輕的女孩走在一起喔。」如果你突然被妻子這麼一問，即使你和那個年輕女孩是在旅館前見的面，也沒有必要慌張。因爲這個時候，妻子關心的是那個女性，在哪裡見到你們兩個走在一起的，不一定會記得住。

「喔，妳是在辦公大樓前面見到的吧？是我公司的女同事，很漂亮吧？」像這樣冷靜回答，是不會有問題的，這個謊言很通用。

有的丈夫聽了妻子的話，會覺得很不安，可能就會說：「妳是不是認錯人了？」或者說：「我不記得有這麼一回事呀。」

如此一來，反而會讓妻子在強調「我絕對沒有認錯人」的同時，漸漸回想起見到你們兩個在一起的場景，甚至一些細節都會漸漸回想起來。這個時候，想要隱瞞的謊言，反而有可能會被拆穿。

有一個心理實驗是讓人目擊小偷偷東西的場面，然後請這個目擊者看六個人的照片，要他從中挑選出偷東西的那個人。

認爲「那個小偷偷的是很值錢的東西」的目擊者中，有百分之五十六的人，可以把眞正的小偷指認出來。

但是，如果目擊者認爲「那個小偷偷的並不是什麼値錢的東西」，那麼就只有百分之十九的人能夠正確指認出小偷。

抱著「我偶然目擊到的場面，關係到很重要的事情」想法的人，就會特別注意當時的場面，認眞地觀察，就會很清楚的記住犯人的樣貌特徵。反過來說，如果看到的場面並沒有什麼重要性，那麼在觀察的時候就不會太認眞，基本上就不會把事件的過程保存在記憶當中。

警察在詢問現場目擊者的時候，有的人可能會回答說：「我記不太清楚了。」這樣回答的人不一定是在撒謊，可能是因爲他對事件本身沒有什麼興趣，所以沒有深刻地保留在記憶當中。

早上十點左右，若是有個小偷趁著沒有人在家的時候上門行竊，而且還穿著西裝，拿個公事包，堂堂正正的從大門進去，附近的人會以爲是「有客人來拜訪」而沒有多加注意此人，容易因此而讓小偷得逞了。

人對於自己特別感興趣的人事物，都會特別的注意，留在腦海中的記憶也就特別深刻。從這樣的分析角度來考慮問題，那些收受了高額回扣，或者是對機密事件交談過的人，對自己做過的事情的記憶就會特別深刻。

因此，對於那些連說「我不記得有這麼一回事」的大人物，一般民眾都會認爲他們是在撒著天大的謊言。

如果有一個女性老實回答一個男性：「那個晚會上，我們是在一起的嗎？我好像不太記得了。」這就表明了這個女性根本就沒有把這個男性放在心上。

不過，如果說出這樣的話，一定會被對方討厭，所以，像這種時候，有的女性就算是撒謊也要和對方客套一下：「啊，我想起來了，那天眞的很開心。」這樣的謊言最少也可以敷衍一下對方。

記憶，可以透過加工換取

對一個人有計劃地提出一些強調過去記憶的問題，那麼被提問的人腦袋裡面所保留的記憶會不斷被加工成各種各樣的想法。

有一個男性在打高爾夫球的時候，把球打中一個觀衆的頭，而現場目擊者當中有一個人頭上戴著咖啡色的帽子。

心理學家讓幾組測試者目擊這一切事情發生的經過。

過了一個小時以後，心理學家對向其中一個小組的成員問道：「你們是不是看到一個戴著咖啡色帽子的男人，在高爾夫球打中一個觀衆以後就逃走了？」過了三天以後，又從當中在場的人選出五、六個男性讓他們指出打中觀衆的人是誰。

能夠指出眞正犯人的測試者，佔了總數的百分之五十八，而把那個戴著咖啡色帽子的男人當作犯人的測試者，佔了總數百分之二十四。

另外，心理學家在另外一個測試小組上，沒有提出「那個戴著咖啡色帽子的男人，在高爾夫球打中一個觀衆以後就逃走」的問題，這個小組中，能夠正確指出眞正的犯人的人數佔了總人數的百分之八十，而把戴著帽子的男人當作是犯人的人數，僅僅佔了總人數的百分之六而已。

因爲，在第一個小組當中，測試者受到了「戴著帽子的男人」這樣的誘導性質的提問，所以就有很多測試者留下了「那個戴帽子的男人就是犯人」的印象。對於他們來說，他們目擊到的場景本來就是處於比較模糊的狀態，也因此他們的記憶比較容易被具有誘導性質的提問所左右。特別是當他們對印象當中的人抱有偏見和厭惡感的時候，這樣無意識的記憶轉移更是容易發生。

下面這個例子也可以作爲一個參考。有一個女孩子，看到男朋友跟一個自己不認識的女性走在一起。這女孩就對自己的好朋友說了這件事，好朋友對她說：「那可能是他的同事吧！」

心理學家說，即使這個女孩見到的女性不是她男朋友的同事，她也會在聽了好朋友的話以後，產生自己在男朋友的公司見過那個女性好幾次了的印象，對男朋友的疑心也就消除了。

另外有一個心理實驗是，心理學家讓被測試者看一張交通事故現場拍攝下來的照片，然後就著這個事故，對測試者提出一些問題。譬如說：「從你看到的這張照片中，你覺得兩輛車相撞的時候，車速有多少呢？」

對測試者提出這樣的問題的時候，竟然得到了意料之外的結果。

聽到「車相撞的時候」這樣的言語時，一般人都會認爲是「兩輛車碰撞在一起的時候」，大多數的人都會斷定「違反交通規則的車輛速度會比較快」。

接著，在一個相關的研究上，讓測試者看過交通事故的照片以後，大概過一個禮拜，對測試者提問道：「你在照片上有沒有看到破碎的玻璃？」

被問到「違規汽車時速多少」的小組，在心理學家問是否看到破碎玻璃的問題後，其中有百分之三十二的測試著回答「有看到破碎的玻璃」。

另外一個接受測試的小組的問題是：「被撞的汽車車速有多少？」

這個小組被問到是否有看到破碎玻璃的問題時，回答說「有看到破碎的玻璃」的人數僅僅佔總人數的百分之十四。

實際上，照片當中的交通事故，汽車的玻璃並沒有破碎。但是心理學家對測試者們描述的時候，用「相撞」這樣比較嚴重的辭彙，測試者們可能就會產生錯誤的印象，產生「汽車的玻璃有破碎」等等歪曲事實的想法。

對一個人有計劃地提出一些強調過去記憶的問題，那麼被提問的人就會對記憶產生附加印象，腦袋裡面所保留的記憶會不斷被加工成各式各樣的想法。這樣的行為並不是在撒謊，而是通過巧妙的誘導性質的提問，使記憶中的內容發生變化。

「我的印象中，覺得是……」即使說出來的話和事實不符合，也不是當事人的責任，而是那個提出誘導性質問題的人的責任。特別是當自己尊敬的和依賴的人對自己提出具有誘導性質的問題的時候，記憶所受到的影響會更大。

興奮的感覺，容易產生誤解

對交往進入到厭倦期的男女來說，兩個人稍微做一些劇烈的運動，然後再一起享受性行為，可能會喚起與平時不同的興奮感。

每個人對於自己的感情總是說不清楚的。

例如，當有人問你「你喜歡我嗎」的時候，你可能會反問自己：「喜歡嗎？我到底是喜歡還是不喜歡呢？」如果馬上就回答：「當然是很喜歡你了」，可能會讓對方覺得是在撒謊。

一個男孩抱著自己的女朋友的時候，可能會從嘴巴裡面說出：「我喜歡妳」或者「我愛妳」或者「妳好漂亮」之類的話。但是，當兩個人悠閒地喝著咖啡的時候，要說出這樣的話，好像太難了一點。

如果女孩這樣責問男朋友：「你那個時候說你愛我，是眞話嗎？」

在那個時候，男朋友說的可能是眞心話。

有一個心理測驗是讓一個男性看一些女性的裸體照片，然後詢問說：「你覺得哪一個女人比較有魅力呢？」

可能當中並沒有特別有魅力的，但是其中一兩照片往往會特別有人氣。

讓男性們看那些女性裸體照片的時候，心理學家會對測試者說：「當你在看照片的時候，我們會同時讓你聽到自己的心跳聲。」其實，答錄機裡放出來的心跳聲，是事先錄好才讓測試者們聽的。當測試者最後選出來的所謂的「最有魅力的女性」的裸體照片時，心理學家故意把心跳聲的頻率加快。

也就是說，看到特定女性照片的男性測試者，會認爲自己看到這張照片的時候，心跳是很快的，於是對自己進行心理暗示：「這張照片很有魅力、很性感。」

這個實驗說明，只要說「你的心跳異常快」，就能夠控制男性的心理感情。

所以，當男女朋友緊緊擁抱的時候，女朋友對男朋友說：「你現在的心跳好快喔。」那麼，男朋友可能就會認為：「那是因為自己的女朋友很有魅力，所以心臟才會不由自主地跳得這樣快。」

男性一般都會覺得：「因為看到很不一樣的東西，所以覺得心情激動，心跳加速」。就是因為貼上了這樣的標籤，才會產生誤解。

有一個測試，讓測試者在固定腳踏車上做一分鐘的運動。運動完五分鐘以後，讓測試者看一些性感照片，發現他們對性的興奮達到了高峰。

之所以讓測試者在五分鐘後做測驗，是因為運動完後的五分鐘，心跳的次數仍然是在上升的狀態，運動後的影響還保留在身體裡面，但測試者卻往往會認為「由於運動而產生的亢奮感已經結束了」。

做完激烈運動之後，可以斷定「這樣的興奮感覺是因為運動」。但是，運動完五分鐘後，一般人都認為「由於運動而產生的興奮已經結束了」，因此就很容易對自己產生的興奮解釋為：「由於看了性感照片而產生的」，從而對興奮感覺存在誤解。但是，過了十分鐘以後，由於運動而產生的興奮已經不存在了，因此，這樣的效果也就消失了。

進行激烈的運動過了五分鐘以後，男性們看一些性感的照片，就會覺得異常的興奮，但是實際上，他們是被運動產生的興奮矇騙了。要是人們吃了一驚之後，再讓吃驚的人看一些裸體的照片，也具有同樣的效果的。

所以，對交往進入到厭倦期的男女來說，兩個人稍微做一些劇烈的運動，或者是跳一些舞，然後再一起享受性行爲會比較好。因爲，這樣一來，可能會喚起與平時不同的興奮感。

在房間裡面進行一些比較激烈的性行爲，和運動以後再進行性行爲具有同樣的效果，都會增加彼此的魅力。但是，在結束以後，兩個人如果沒有相互擁抱在一起，效果就不會如預期的那樣好了。

恐懼感會激起異樣的情感

如果男女之間一直沒有產生很熱烈的情愫，那麼嘗試著在搖搖晃晃的吊橋上面行走一下，一定會有不一樣的感覺產生。

美國本克巴這個地方有兩座橋，心理學家借助這兩座橋進行心理實驗。其中一個實驗的地點在距離山谷底部幾十公尺，而且還是架在小溪上面的一座吊橋上，風一吹吊橋就會搖搖晃晃的。另外一個實驗的地點是在一座架在一條很淺的小河流上面鋼筋水泥橋上。

實驗的方式是讓測試者從橋上走過。

兩座橋上，都由男性測試者首先過橋，然後一個女性研究人員會從橋的另外一個方向走過來；兩個人在橋的中間相遇，由女性研究人員對男性測試者提出一些問題。

從這樣的實驗中，心理學家發現，在搖搖晃晃的吊橋上面的男性測試者所做出的回答，和在堅固的鋼筋水泥橋上面的男性測試者所做出的回答，有著很大的不同。

一、讓男性測試者看一個畫面，讓他們從這個畫面中進行想像。結果是，從搖晃吊橋上的男性測試者的回答中可以發現很多關於性愛的表示。

二、這個測試過了幾天以後，以方便研究員進行調查爲由，要求參加測試的人留下電話號碼，在搖晃吊橋上進行測試的人有很多人都打了電話告知。

從這樣的結果可以看出，在搖晃吊橋上做出回答的男性測試者覺得和自己合作的女性研究人員很有魅力，而且對女性研究人員抱有強烈的關心。

爲什麼會出現這樣的結果呢？

通過搖搖晃晃吊橋的男性測試者，在通過吊橋的時候，會覺得嘴巴乾燥，心跳非常快，這些生理變化是因爲測試者在通過搖搖晃晃的吊橋時所產生的。但是，這些男性測試者並不這麼認爲，他們以爲是因爲在自己面前的是一個美女，所以才會有這樣的反應。這時，由於恐懼感而產生出來的生理變化，被性興奮所取代了。

在和異性說話的時候，這些測試者會覺得聲音變得不自然，而且還會有流汗的現象出現。

這時候，他們會覺得眼前的女性「眞是一個漂亮的人」，或者認爲「這個女人眞性感」，並且會對兩個人之間的談話感到非常著迷。

正是因爲有這樣的感覺，所以在和女性接觸的時候，即使當時有恐懼感，即使當時口乾舌燥、心跳很快，他們也一定會誤認爲「因爲眼前的這個女性很有魅力，所以我才會有這樣的感覺」。

這樣的感覺只是暫時性的，可以稱做是「虛假的愛情」。

曾經有過一則眞實故事，在外國旅行的途中，有一艘船遭遇了事故而沈沒了，旅客當中，經過了九死一生才得以獲救的兩個男女，最後結爲夫婦。心理學家解釋說，在事故當中，兩個人之間產生了愛情，由於恐懼感而讓愛情萌芽，後來在海上漂流的日子，兩個人之間培養起互相鼓勵的愛情。這兩個人如果是在很普通的觀光勝地相遇，可能就不會萌生出愛情了。

如果男女之間一直沒有產生很熱烈的情愫，那麼嘗試著在搖搖晃晃的吊橋上面行走，或者去乘坐一下高速滑行的雲霄飛車，彼此一定會有不一樣的感覺產生。

有人陪伴，才能帶來安全感

「我想要一直和你在一起」不一定就是「我很喜歡你」，其實是「只要有人在我的身邊就可以了」的意思。

如果一個人處於很強烈不安的感覺中，或者對什麼事情感到擔心，就會有這樣的想法：想要和自己最親密的人在一起。這樣的心理就是所謂的「親和慾望」。

美國著名的社會心理學家傑克特認為：「當一個人處於極度不安的時候，就會希望能和親密的人在一起。」

下面的這個心理實驗就是說明上面的心理問題。

傑魯斯太伊博士請女大學生做一個心理測驗，進行以下的說明：「我們接下來要進行的實驗，是測試通過電流的衝擊對於一個人的心理影響。在這個測試過程中，電流的衝擊可能會讓妳覺得很難受，但是絕對不會讓妳的皮膚受到傷害，更不會對妳的心臟造成影響，請放心。」

進行這些說明以後，傑魯斯太伊博士又對女大學生說：「進行這個實驗之前，爲了做好實驗的準備，請妳在等候室稍微等一會兒。如果妳願意，妳有兩個選擇，一是一個人在等候室裡面等待，或是和其他人一起等待。妳選擇哪一個呢？」

傑魯斯太伊博士這樣問道，實際上，這才是眞正的實驗。

聽了傑魯斯太伊博士這麼一說，大約會有百分之六十的女大學生選擇一個與自己的境遇相同的人，一起待在等候室裡面。因爲大學生們內心覺得「接下來的實驗不知道會怎麼樣」，存著這個緊張的心理，因此產生出很強烈的「親和慾望」。

醫院的等候室裡面，也常見到同樣的情形。一般人看到一個和自己生同樣病的病人的時候，就會覺得心情好像比較不會緊張了；住院的時候，如果和一些跟自己有著同樣病情的病人住在同一個病房，也會覺得心情比較放鬆。

不管是哪一種情形，由於生病所引起的不安感覺，會透過與其他患者之間產生親和感的過程得到了紓解。或者可以這麼說，就是所謂的「同病相憐」吧。

獨生子和長子也都需要強烈的親和感來作爲精神的支柱。作爲家裡的獨生子或者是長子，從小時候開始，如果有不安的心理，總是透過父母親得到滿足和緩解。這樣的人長大之後，若是有什麼不安的事情，或者是對什麼事情覺得擔心的時候，就會馬上想到要依賴其他人。

不安的感覺越是強烈，對彼此之間存在的親和感覺就會越強烈。從這個角度來考慮，「我想要一直待在你身邊」或者是「我想要一直和你在一起」這類話對他們來說不一定就是「我很喜歡你」的意思，只不過是因爲心裡覺得很不安，所以在自己的眞實內心中會有「不管是誰都可以，只要有人在我的身邊就可以」的想法。

夫婦當中，有很多人是爲了要滿足自己的親和慾望才在一起的。因此，如果有其中一方眞的遇見了自己所喜歡的人，那麼可能馬上就會與另一半分手，和自己眞正喜歡的人在一起。

這樣的情形不管是在男性還是女性身上都是一樣的。男女雙方同居的關係，也有可能只是一種虛假的愛情關係，只是爲了得到安全感才和對方在一起。特別是對於那些獨生子或者是長子，和這一類的人交往要格外的注意。

內心的好惡，瞳孔無法瞞住

相思相愛的男人和女人如果眼光相互接觸，兩個人的瞳孔可能都是放大的，對方像是在對自己說：「我很喜歡你。」

觀察眼神是研究一個人是否正在說謊的入門，也是最簡單的判定原則。因爲，當一個人看到令人振奮的東西時，潛意識的運作會使瞳孔自動擴大，這是無法控制的自然反應。

我們也可以將這項心理反應活用在日常生活和工作場合之中。

假如你是一個推銷員，推銷業務的時候，不妨仔細注意一下眼前顧客的眼神。一般顧客的警戒心理都很強，不會輕易表現眞實的心意，你可以一面介紹產品，一面注意對方的眼神變化，大致上就能明白他們被哪種商品吸引，或者他們對哪種商品較有興趣。

只要你能注意到這一重點，成功的機率必然可以提高許多。

美國心理學家黑斯研究發現，他的妻子有一天在一個很光亮的房間裡面看書的時候，瞳孔也會變大，對於這個現象感到很吃驚。

本來人的瞳孔，就好像是照相機的變焦鏡頭一樣，一般而言，在聚焦光亮的東西的時候會縮小。

於是，黑斯認爲：「很有可能人在看到自己感興趣的東西的時候，不管是在如何光亮的外界條件下，瞳孔都會變大。」

於是，他開始做實驗，讓男性看女性的裸體照片，另外也讓女性看男性的裸體照片。結果發現，讓男性看那些瞳孔張大的女性的照片，他們會覺得「她們看起來很溫柔，很有女性的氣質，很可愛」或者「她們看起來很有魅力」。

如果有一個男性口頭上說：「妳的眼睛好漂亮」，那麼實際上，他的含義是：「因爲妳喜歡我，所以妳的瞳孔會變大」。

若是女人知道自己的瞳孔有這樣的功能，她們一定會生氣地對說這種話的男人說：「你少來了，不要開這樣的玩笑。」

相思相愛的男人和女人如果眼光相互接觸，兩個人的瞳孔可能都是放大的，兩個人都應該對對方這樣的反應感到很感動，因爲對方像是在對自己說「我很喜歡你」。這樣一來，兩個人之間的感情也就會更加深厚。

如果在和一個不怎麼喜歡的人說話，那麼就選擇一個背光的角度來和對方交談，因爲在背光的地方，表情和瞳孔都會處在一個讓人很不容易看出變化的環境。而且在背光處，人的瞳孔會自然的變大，可以輕易向對方傳達一種善意的情感。

所以，如果男性在陰暗的角落向女性表白，女性們一定要多加注意。

公開宣示，可以鼓舞自己的氣勢

有的人會向自己親密的人宣佈設定的目標，藉以提醒或激勵自己，這樣的行為叫做「公眾介入」。

建造本田汽車的本田宗一郎，剛剛創業的時候，員工還不到五十個人，而且有的時候還不能夠及時、足額的發放工資。但在這樣艱難的時期，本田宗一郎經常站在一個木頭箱子上面，對員工們激勵道：「大家不要只是想著我們的公司要成爲日本第一，我們要成爲世界第一的品牌。」

在全部員工面前誇下海口的本田宗一郎，把自己逼到了一個沒有退路的境地，只能抱著堅定的決心，無論如何都要奮鬥到底。在這樣的氣魄和壓力之下，本田宗一郎把自己和員工的氣勢都鼓舞起來了。於是，經由大家一起努力，本田終於成爲了世界知名的汽車品牌了。

雖然一般人沒有辦法做到如此冒險的程度的，但是，還是有很多人會在新年的時候認爲「一年之計在於春」，因而制定了一些看起來好像是實現不了的偉大計劃。然而，「三天打魚，兩天曬網」的結果，很多人都半路就放棄了，這就是一般人和成功的人的區別。

也有人會在每一年重大的轉折時期，比如說每年或每月的第一天，把今年和這個月份的目標，用很大的字寫在紙上貼在牆壁上面，或者是記錄到記事本和日記上面，甚至有的人會向自己親密的人宣佈設定的目標，藉以提醒或激勵自己，這樣的行爲叫做「公衆介入」。

這種行爲不僅僅滿足於「自己的目標自己心裡明白就成了」，而是要向別人公開宣誓，逼自己積極達成目標。例如，日本三澤建築的三澤千代治就曾以獨特的方式宣示自己的決心。

「前任社長三澤千代昨天已經死亡了。現在站在這裡的是新任的社長三澤千代，我即將要改變前任社長的方針，提出新的政策。」竟然有人用這樣的說明向大家表達銳意改革的決心。

三澤千代治曾經出席自己的葬禮兩次。而且，每一次都公開向外界發佈自己的死亡通知。第一次是在世界石油危機的時候，第二次則是在住宅產業處於被迫由數量轉向質量的轉型期的時候。

爲什麼要做出這麼離奇古怪的謊言呢？這是因爲「爲了要跟隨時代的潮流，改變公司的經營方針，所以，公司每一個職員的觀念是非常有必要更新及強化的」。這樣的謊言，來自三澤千代治的「靈機一動」，想要從自己開始，進行公司的改革。

用「白紙黑字」進行約束

對於那些隨便就違反約定的人，或者是一直改變自己意見的人來說，最好的辦法就是讓他們把事情記錄下來。

美國奧姆衛伊公司爲了要使自己的銷售員工達成更大的目標，採取了下面的方法。

他們在工作開始之前，首先就要先定下目標，而且還要把目標記錄下來，因爲他們認爲，記錄下來的東西上面有著魔法般的力量。

然後，等到自己的這個目標達到以後，再建立另外一個目標，而且也一樣要把下一個目標記錄下來，就這樣一步一步的開展工作。

美國的一家訪問銷售公司，爲了降低「鑑賞期間」的退貨率，使用「讓顧客參與記錄」的方法。這個方法是「不是讓銷售人員來記錄合約書，而是讓顧客親自寫合約」，就是靠著這樣簡單的方法，這家公司神奇地把反悔的顧客數量減少了。這家公司讓每一個顧客都參與契約的訂定，如此顧客就比較不會輕易違反合約。

把自己所考慮的東西記錄下來，讓本人有這樣的意識：「必須要對自己寫下來的東西負責任。口頭的承諾可以隨時反悔，但是用文字所寫下來的東西卻是不能夠隨便反悔，否則明顯地就會讓別人覺得自己是在撒謊。」

透過書面記錄下來的東西，會讓人覺得是一定要完成的目標。

如果有人對上司說：「好的，我明白了」或者說「是的，我一定會照辦」，這種時候，主管最好要回答對方說：「那麼，你就把你實際想出來的做法，提交一個具體的方案給我。」

這樣的反應，是阻止撒謊和推託的一個很好的方法。

下面有一個關於信念的心理實驗。在這個測試當中，首先對公司的全體員工徵求某個問題的意見，然後讓他們針對下面的三個方法來做回答。

第一個小組，讓他們把自己的意見寫在紙上，並且簽上自己的名字才提交上去。

第二個小組，讓他們把意見寫在一個白色的板上，過不久字跡會消失掉。

第三個小組，讓他們的意見保存在自己的頭腦當中就可以了。

接下來，測試人員會告訴他們：「你最初的判斷是錯誤的」，然後再詢問一下他們的意見。

透過這樣的過程，改變了自己最初意見的人比例由高到低，分別是第一個小組、第二個小組，接下來是第三個小組。也就是說，把自己的意見寫在紙上，而且還寫上自己的名字的那個小組，在他們寫下自己的意見之後，就沒有再改變的人數是最多的。與其說是「不改變初衷」，還不如說「最初的意見是幾經思量後才寫下來的，所以自己難以再更改」。

另外，在和小組的成員進行談話之前，叫他們把自己的意見寫在紙上，並且在大家的面前公開唸出來，在接下來的討論階段上，很多人都會堅持自己最初的意見。

從這些例子來看，通過公衆的參與的過程，而堅定自己信念的人數增多了。

對於那些隨便就違反約定的人，或者是一直改變自己意見的人來說，最好的辦法就是讓他們把事情記錄下來，再把他們的記錄給大家看，或者是複印起來保留著，這是最有效果的抑制反悔的辦法。

PART 5

憑直覺做判斷，必須承擔高風險

透過直覺進行判斷，
或依靠一定的運作法則來考慮事情的人，
比較容易被那些巧口舌簧的人所矇騙。

公開表示意見，謊言自然不見

如果對那些很善於撒謊的人有所要求，希望他們能確實照著自己所說的話去做，那麼採取「公開表明自己的意見」的方法是最有效果的。

法國的戴高樂總統，是一個擁有很高評價的人，因爲他「從來不會做出有違自己談話的行爲」，爲法國做出很大的貢獻，留下很傑出的功績。

日本商品目錄銷售事業的片山豐社長，在這個新興產業剛剛開始的時候，曾經拖欠了員工十個月的工資和獎金。那個時候，當財務課長鐵青著臉來到社長辦公室的時候，片山先生也依然像平時一樣說：「啊，怎麼了？」

片山豐用很平靜的語調來回答。然而實際上，當時他心裡面是非常辛苦的，但是因爲他還是堅持「沒有關係，一定會撐過去」的信念，所以可以用很平常的心態來面對部下的反應。

看到社長的從容態度，公司員工們都暗地裡想著：「一定是社長有什麼解決的好辦法，所以才不著急。」也因此他們都很相信自己的社長，沒有懷疑他。

田中角榮高舉著日本列島改造理論而登上政治舞台，當上首相後，田中角榮有一個很特別的動作，就是高舉著一隻手，然後高喊：「萬歲！萬歲！」

這個習慣性的動作，在當時一度成爲引起各方爭議的話題。不少心理學家都指出，就某種意義而言，這樣的行爲是田中角榮「爲了自己所說的話不被大家違抗而做出的活躍的行爲」。

這些行爲就是所謂的「公衆參與」的策略，這個策略對那些自尊心以及公衆意識很高的人，也就是很在乎別人評價的人來說，是特別有效果的。

美國心理學家列賓，曾經在第二次世界大戰的時候，爲了緩和肉類食品的不足，進行了一個研究：「爲了要讓家庭主婦們充分利用那些牛的心臟，腎臟，胰臟等等器官，什麼樣的方法會比較好呢？」

首先，他把家庭主婦分成了兩個小組。在第一個小組當中，舉行一場所謂的「營養學家的演講會」。

演講的內容，就是建議家庭主婦把動物的內臟作爲家庭飲食的材料，把動物內臟搬到家庭的飯桌上去。

第二個小組則是舉行了一場「把動物的內臟搬上飯桌的好處」的討論會。在這個集會上面，讓家庭主婦就「是否應該把動物的內臟搬到自己家的飯桌上」這個話題來進行討論。

討論的最後，讓每一個人都闡述一下自己的觀點，讓家庭主婦們說說「嘗試著把動物的內臟搬到自己家庭的飯桌上去」這樣的意見。

參加討論會的第二個小組的家庭主婦，因爲在大家面前表明了自己的意見，所以覺得：「我已經做出了承諾，就必須在自己家庭的飯桌上出現動物內臟。」

在這個實驗過了幾個禮拜以後，測試者又對兩個小組的成員進行調查，調查他們的飲食習慣。結果發現，參加討論會的家庭主婦大部分都眞的使用了動物的內臟作爲烹調的材料。而另外一組只是純粹聽一聽營養專家演講的家庭主婦們，即使專家推薦她們使用動物的內臟作爲烹調的材料，眞正去實行的人卻不多。

另外，在一個以「讓小孩子們吃肝油和果汁」爲目的的調查研究當中，也出現了同樣的結果，參加討論並且當場表明意見的成員，絕大多數的人都會在調查結束以後，眞的實行自己所說過的話。

對於那些只點頭附和，從來都沒有眞正實行的人來說，即使再做出更詳細的說明，也不過是對牛彈琴一樣。

只有讓參加的成員都加入討論，並且在大家面前明確表明自己的意見，如此對政策的推行才是最有效果的。

如果對那些很善於撒謊的人有所要求，希望他們能確實照著自己所說的話去做，那麼採取「公開表明自己的意見」的方法是最有效果的。

容易受到誘導的人，最容易被騙

受到誘導性的提問的影響，有的人就會出現不安的感覺增加，或者喪失自信心，這樣的人很容易受到謊言矇騙。

以下這個心理測驗，可以測試你是不是一個很容易被別人的謊言矇騙的人。

平時有的人不怎麼注意自己的身體狀況，或者忘記自己是不是這樣的狀況，往往在不知不覺間，身體正漸漸走向病痛，就好像一句話說的：「不幸就是在人們都忘記了的時候來臨的。」

首先，請對你現在的健康程度做出自己的評價。假設完全健康是一百分，那麼你覺得自己的健康程度有幾分？

接下來，請認眞閱讀下面的句子，如果覺得和自己的情況符合就打勾。

一、早上起床時，有時候會覺得很疲倦。

二、晚上有的時候會睡不著覺。

三、曾經有人說過你臉色不好。

四、有的時候會感覺：「啊，最近好累呀。」

五、覺得在車站爬樓梯很累。

六、想要讓自己的生活再優裕一點。

七、最近覺得自己的體力有一些下降。

八、如果可以讓自己健康，即使一個月要花一萬元投資，也覺得心甘情願。

九、與同年齡的人比起來，自己要顯得老一些。

十、可能有自己不知道的病症存在。

看完這十個問題，請你再替自己的健康程度做評價，假設完全健康是一百分，你現在會給自己幾分？

這個心理測驗是用來測試你被具有暗示性的問題影響程度的高低。

在各個句子的後面，將適合自己的情況的選項打勾，在這個過程中，很容易使自己的不安感增加。

如果受到上面誘導性的提問的影響，有的人就會出現一些反應，比如說不安的感覺增加了，或者有的人會喪失自信心。

如果測試後的分數比測試前低，這樣的人比較容易被別人矇騙。

這個測驗本身並沒有檢測健康的作用，主要是用來影響那些平時對自己的身體狀況沒有什麼關注的人。

很容易被其他人的言行所左右的人，也很容易被別人編造的謊言所矇騙，所以請一定要多加注意。

讓人踏進陷阱，卻毫不知情

碰到很簡單的請求時，最好要先想到，背後可能隱藏著更大的請求，會讓自己踏進陷阱而毫不知情。

爲了能夠和第一次見面的女性有更進一步的關係，可以使用「YES方法」。所謂的「YES方法」就是向對方提出一些問題，這些問題必須是讓對方馬上就可以回答「是的」或者「是這樣的」之類肯定答案的問題。

比如「今天天氣眞好」、「今天可眞是暖和」、「出來外面走一走，心情可眞是好」……等等話題，向對方說這樣的話，會讓對方做出肯定的回答。就在這樣一問一答的對話當中，兩人之間的關係就會漸漸變得親密起來。

雖然說欺騙不是一種很好的行爲，但是，如果兩個人之間連談話都沒有，那麼不管是什麼事情都不可能進一步開展下去。因此，即使是向對方撒謊，只要能開始談話，就都會是一個很好的辦法。

如果有人說：「你能不能稍微聽一下我說的話？」大部分的人都會答應。但是，很多情況下，所謂的「稍微」，卻是並不「稍微」的謊言。

這就是一種「階段性的說服法」。剛開始提出的要求，必須是不管是誰都會答應的事情，比如「你能不能稍微聽一下我說的話」，首先要讓對方對自己的要求採取同意的態度。然後，接下來再一步步向對方提出一些較大的要求，那麼對方就會比較容易接受了。

研究人員要進行複雜的調查的時候，首先都會事先讓被調查的人做一些很簡單的問卷。大部分的人做了簡單的問卷以後，便會覺得「如果是這樣簡單的話，那我可以接受你的調查」，從而同意接受。

過了幾天以後，如果調查人員去拜託被調查的人，要請他們進行一個比較複雜的調查，那麼一般答應人數的比例在百分之五十三左右。

但是，如果馬上就要進行訪問，透過電話來聯繫被調查人，同意接受調查的人數就會下降到百分之二十左右。

爲什麼會產生這樣的差距呢？這就好比請求對方幫忙，如果只是整理一些書籍這樣簡單的工作而已，那麼一般人會很輕鬆的答應下來。過了幾天以後，如果碰到必須要加班的情況，再去請求對方幫忙，大部分人都不會拒絕。之所以會有這樣的現象，是因爲被拜託的人覺得：「我之前都答應了他的請求，這一次若是拒絕，就會使自己的言行舉止出現矛盾。」

所以，我們經常會碰到這樣的事情，一開始輕鬆答應了對方的簡單請求，覺得「如果是這樣簡單的事情，那是沒有問題的」，過後卻經常會有更大的事情等著你幫忙，讓你到時候不得不答應。

所以，碰到很簡單的請求時，最好要先想到，背後可能隱藏著更大的請求，會讓自己踏進陷阱而毫不知情。

懂得請求的秘訣，就不怕被拒絕

向對方拋出好像可以到手的誘餌，先讓對方答應下來，這個方法稱為「誘餌說服法」。

人爲了掩飾自己的弱點，或是基於保護自己的心理，常常不由自主的編造一些謊言。此外，對於現實環境感到恐懼與不安，也會透過謊言掩飾。

其實，人只要具備從容處世的正面想法，就能面對現實，勇敢地淘汰思想呆板、毫無行動力的自己，並且根除自己的惰性，將以往的慣性想法拋到腦後，爲自己創造一個屬於自己的全新行動準則。

若是希望對方從一開始就拒絕自己的請求，那麼這個要求必須是一些對方絕對不會答應的事情，藉此故意去拜託對方，這就是所謂的「門前處理法」。

例如，一個男人對一個女人說「我希望能和妳結婚」而遭到女方的拒絕，如果男人繼續對女人說：「既然這樣，我們就先做朋友吧」，然後再經常和這個女性約會，最後還是能達到「結婚」的目的。

這樣以退爲進的作戰方式，就是所謂的「門前處理法」，爲什麼這個說服的方法這麼有效果呢？

一、一開始就提出一些很大的要求的人，一旦遭到拒絕，就變爲提出一些比較小的要求，那麼就會給對方留下一個這樣的感覺：「對方做出讓步了」，爲了對對方的讓步有所表示，就會很容易接受對方的第二個要求。

二、如果一直拒絕對方，可能會給人留下很不好的印象。於是，就會答應對方一些比較小的請求，覺得「好歹也要給對方留下一些比較好的印象」，所以會輕易答應對方第二個比較小的請求。

三、由於拒絕了對方的第一個請求，會產生一些罪惡感，於是就藉由答應對方的第二個請求，來補償對方。

因爲，被請求的人受到這樣的壓力：「既然第一個大型的提案不行，那麼就要接受對方的第二個提案。」

有的職員爲了要向上司提出一些沒有前例的計劃，或者是很獨特的想法，那麼採取這樣的方法是一個很明智的選擇。

有一句話，叫做「媒妁之言」，意思就是「媒人所說的話，一定全部都是好話」。對於媒人來說，「即使多多少少撒一些謊，只要兩個人之間的緣分可以建立起來，那麼以後變成什麼樣子都沒有關係了」。

這是經過很長時間的經驗而總結出來的結論。

剛開始，向對方顯示一些僞裝的有利的條件，總之就是想盡辦法讓對方先答應下來再說。而到後來，就藉口說：「因爲出現了一些不太方便的情況，所以請您也接受這個新的條件吧。」

採取矇騙性質的說服方法，就是要讓對方接受以前不接受的不利的條件，實際上，這些條件本來就已經設計好了。向對方拋出好像可以到手的誘餌，先讓對方答應下來，這個方法稱爲「誘餌說服法」。

這個方法只能對一個人使用一次，可能不是最高明的辦法。但是，對於那些很頑固的人來說，這個方法可以做爲最後的手段。

一般人只要答應一個很有利的條件，就會對自己所答應的事件抱著肯定的想法。不管是什麼樣的條件，一旦答應了，就會覺得對對方有著人情和義理存在，這個「誘餌的說服法」就會奏效。

但是，在取消原來提出的有利條件，提出新的條件之前，必須使用言語很巧妙的解釋。如果解釋不好，可能弄巧成拙，會讓對方很生氣，斥喝一聲：「你開什麼玩笑！」就不再理會了。

因此，對解釋、說服技巧沒有自信的人，最好不要貿然使用這個方法，這是一個頗具難度的方法。

相反的，如果你懂得聰明機辯，只要能夠善用一些小技巧，就得以使自己的條件或計劃得到對方的同意。

憑直覺做判斷，必須承擔高風險

透過直覺進行判斷，或依靠一定的運作法則來考慮事情的人，比較容易被那些巧口舌簧的人所矇騙。

美國社會心理學家卡魯笛尼在他的著作《影響力的武器》這本書裡面，曾經分析所謂的「卡茲、颯颯現象」。

「卡茲、颯颯現象」可以用來說明動物和人的行為。所謂的「卡茲」，就是指按下錄音機按鈕的聲音，「颯颯」就是指錄音帶轉動的聲音。

最能說明這種現象的是，有一種鳥叫做七面鳥，這種鳥的母鳥一聽到小鳥啾啾的叫聲，就會出現焦躁的反應。也就是說，啾啾的小鳥叫聲，就好像是錄音機的按鈕被按下，進行錄音的過程一樣，母鳥一聽見這樣的叫聲，就會產生一些反應，比如餵食小鳥的行為。

和上面提到的行為一樣，有很多人都認為價格高的東西一定就是好東西。「價格高」成了誘餌，就好像是錄音機的按鈕一樣；「這個東西是好東西」的內容就好像是錄音帶裡面的內容，一按下按鈕，內容就會播放出來了。從心理學家的角度來看，這個簡單的方法叫做「直覺判斷的方法」。

「直覺判斷的方法」並不是說只要根據這個方法就可以得到正確的答案，但是，它的使用方法很簡單，而且解決問題的可能性很高。通過直觀的判斷，背後就是「判斷的方法」在起作用。

許多人對日本職棒界的知名教練長島茂雄的評價是：他是透過「天生的直覺」來調兵遣將的。

長島茂雄教練就是擁有「直覺判斷」的人，一旦他的調兵遣將運用得當，就能夠順利的展開比賽，讓球迷們興奮不已，但有的時候也會出現一些意想不到的愚蠢的舉動。

想要啓動作為導火線的謊言，就要把錄音機的按鈕按下去，讓錄音帶開始轉動。比如說，有的商家故意把賣不出去的商品，標上很高的價格，就產生了「卡茲、颯颯現象」，大家會覺得這個標著如此高價的東西就是好東西，進而衝動把賣不出去的商品買回去。

許多人對對方的謊言沒有懷疑，沒有深入地思考，就隨便答應了對方的請求，過幾天以後，才後悔說：「我被欺騙了。」但在後悔不已的時候，想著到底爲什麼當時會這樣做，卻連自己都搞不清楚。

相信一定有許多人有過這樣的經驗。其實，很多人當時被「卡茲、颯颯現象」所矇騙了，是依靠直覺而做出的判斷。

和「直覺判斷方法」相對應的，就是「計算公式方法」。這個方法好像是數學的計算公式一樣，爲了推導出特定的結論，而進行規律的手續和過程，這就叫做「計算公式方法」。

這就好像電腦上的應用程式，大部分就都是「計算公式方法」，只要通過一定的程式，就能夠讓電腦正確運行。

有不少球隊教練根據準確的資料來安排球隊的比賽。他們根據「計算公式方法」，把收集到的情報和學習到的知識，運用最好的判斷方法來進行計算。

這樣的指導所產生的結果是，他們所帶領的球隊雖然很強，但是同時也比較死板，沒有趣味性。

根據「計算公式方法」來進行判斷，被欺騙、失敗的可能性相對比較低。但是，如果收集到的情報或者是知識出現了錯誤，那麼即使自己想要做出正確的判斷，得到的結果也可能是錯誤的。

透過直覺進行判斷，或依靠一定的運作法則來考慮事情的人，比較容易被那些巧口舌簧的人矇騙。

給了理由，就會忘記回絕

如果理由當中出現了「因為……」這樣的字眼，一般人都不會有太多的考慮，而是反射性地做出允許的回答。

「對不起，因爲我想要影印這些資料，能不能讓我先用一下影印機？」

當你在使用影印機的時候，是不是經常有人來插隊？這種時候，你會怎麼做呢？大部分的人可能會說：「那你就先用吧」，然後讓給對方先使用。

有一個實驗以在圖書館使用影印機的人爲對象進行調查，有百分之九十三的人會答應這樣的請求。但是再仔細思索一下，這個請求有著很值得懷疑的地方，對方說「因爲我想要影印這些資料」，這樣的理由可以稱得上是要插隊先影印的理由嗎？

若是說：「因爲這些資料很急著要用」，這個理由還算比較充分。但實驗結果指出，用這樣的理由請求，允許的比例是百分之九十四。這樣的結果很讓人意外，因爲僅僅比原先的要求要高百分之一而已。

對於一般人來說，如果理由當中出現了「因爲……」這樣的字眼，大都不會有太多的考慮，而是反射性地做出允許的回答，這個傾向是很明顯的。

也就是說，一般人在反應的時候，並不是對消息的內容進行考慮，而是對消息的類型進行考慮。

心理學家也指出，如果只是說「請讓我先使用一下」，那麼一般允許的比率僅僅爲百分之六十。

如果有人向另一個人請求「你幫我做一下這個」，對方很有可能會說「我很忙，你不要來胡鬧」而拒絕他的請求。如果請求中出現了「因爲……」的字眼，即使是謊言，也可能會被認爲是一個理由，讓對方覺得「雖然我很忙，但是也沒有辦法，一定要幫忙的」，從而接受了請求。

小心被一時的言語迷惑而掏出腰包

利用迷惑的方式誘惑對方，誤導對方的判斷，是那些汽車銷售商和房地產商人經常使用的方法。

「這個可是法國製造的領帶，很貴喔。」如果有一個人對你這樣說，送你一條領帶作爲禮物，你一定會很隆重地感謝對方。即使這條領帶的顏色和款式都不是很合你的口味，你也會覺得「因爲這條領帶很貴，而且還是法國製造的，一定是好東西」，而把這條領帶的價值看得過高了。

有一個關於啤酒的品酒測驗。在六瓶啤酒當中，分別標著價格，分成很貴的、一般貴的和很便宜的三個層次。有好幾個品酒專家對這些啤酒的品質進行過鑑定，將這些啤酒分成高品質和低品質的啤酒兩個層次，然後實驗人員在每瓶啤酒上貼上價格，這些價格都不是眞實的價格。

品酒的結果是，一般民衆根本就沒有辦法像品酒專家那樣把啤酒分成兩個層次，只會覺得：「貴的啤酒品質一定好，便宜的啤酒品質一定不好。」

「貴的東西就一定是好的」，這個理論是經濟市場上很理所當然的理論，「如果有什麼商品賣不出去，那麼就標上貴的標籤，就可以很容易地賣出去了」。這個事例顯示人們常被虛假的價格矇騙了。

相反的，「便宜的東西就不好」這樣的理論也有著同樣作用。例如，突然降價的公寓或者是地價，不一定會有很多人高興地前來購買，即使眞的非常合算，有的人可能會懷有疑問，認爲「是不是有什麼問題才這麼便宜」或者「這會不會是一個騙局」而不敢放心購買。

「無論是誰都可以，請和我結婚吧。」如果有一個女性對外這樣宣稱，那麼可能背地裡很喜歡她的男性會認爲：「她會不會是花癡呀？」

同樣的，若是老闆仍存有「價格只要便宜的話，就能夠有很多顧客」的想法，可能只是有「雉雞的淺薄智慧」而已。

期望丈夫能夠送名貴套裝的妻子，可以使用這樣的方法。

首先，和丈夫一起去一家很高檔的百貨公司，對丈夫說：「我們只是去看看而已。」然後在賣珠寶的櫃檯前，對著一個擺滿了超級貴的珠寶鑽石的玻璃櫃一直看很久，而且對丈夫用很吃驚口吻說：「哇，這個鑽石要三百萬元呢！」

這個時候即使妻子沒有對丈夫說：「我好喜歡，好想買」，丈夫的心情一定也不怎麼好受，情緒一定會有一點低落。

接下來，妻子就帶著丈夫到女裝部。再怎麼貴的衣服，肯定不會有剛才看到的寶石貴，而且這個時候看到套裝的價格，心裡就會覺得：「這個好便宜。」

借助這樣的心理，妻子如果說：「這個竟然這麼便宜」，一般而言丈夫就會點頭同意：「是的，的確是很便宜」，因此而心甘情願地掏出腰包，買下這件套裝。

這種方法是聰明的妻子採用的購物手法，是利用「對比」的戰略。「對比」的戰略雖然並不是撒謊，但卻是一種利用迷惑的方式誘惑對方，誤導的對方判斷，是汽車銷售商和房地產商人經常使用的方法。

比如說，把車身的價格設法壓到很低的程度，先讓顧客把汽車買下來。然後對這些顧客介紹一些汽車的附加裝置，並對顧客說：「這些東西都很便宜。」很多顧客都會覺得「這些東西的價格比起汽車的價格，的確是很便宜」，接著銷售人員會不斷追加一些顧客本來不需要的零件。透過這樣的「對比」策略，銷售員甚至可以把顧客買車時所打的折扣統統賺回來。

松下電器的松下幸之助也使用過這種「對比策略」。

有一天，山下俊彥社長被大老闆松下幸之助斥喝了一番，心情很不好地回到家中，就在剛回到家時，松下幸之助打來了電話說：「我剛才有點說過頭了，當時是因爲太生氣了，才會那樣斥責你。」然後再說明他爲什麼要指責山下俊彥的原因，最後還鼓勵山下俊彥說：「我希望你今後還能夠繼續努力。」

對於剛受到斥喝的山下俊彥來說，一時間聽到這麼有人情味的話，馬上就覺得「這也是爲了大家好才這麼做的」，憤怒的情緒一下子就沒有了。這就是在批評別人之後，再取回對方信任與情感的傳達人情的方法。

盲目最容易造成錯誤

如果沒有給予部下充分思考的機會，即使上司的決定是錯誤的，他們也沒有心思發現盲點，只會按照上司所說的去做。

美國一家航空公司舉行一次「飛行類比實驗」的測試。內容是，在一個天氣很惡劣，而且視線非常不清晰的條件下，飛機正處於飛行狀況。按照計劃，機長爲了避免發生事故，做出一個明顯不正確的指示。

若是按照這樣的指示，這架飛機有百分之二十五墜落的可能性，然而當時對於機長這樣一個專業人士，沒有一個人對他的指示提出質疑。

機長做的決定明顯是錯誤的，但是其他空服人員卻沒有指正，而導致墜毀事件，這樣的情況稱爲「機長症候群」。

爲什麼會出現這樣不可思議的現象呢？心理學家說，人們通過思考而做出判斷的情況，僅僅侷限於人們有很強烈的欲求以及能力的時候。

一般人在以下羅列出來的條件，特別容易出現這種「機長症候群」。

一、問題過分複雜的時候。

二、沒有時間的時候。

三、有太多事情必須要做的時候。

四、很感性的時候。

五、心理的疲勞感很強烈的時候。

以上情況發生時，人們很容易盲目聽從一些專家，或者是經驗豐富的專業人士以及上司的意見。爲了要防止這樣的現象，平時一定要給予部下充分思考的機會。

反過來說，如果沒有給予部下充分思考的機會，漸漸就會讓部下覺得身心都處於疲乏的狀態。即使上司說的是謊言，或者上司的決定是錯誤的，他們也沒有心思發現上司的盲點，只會按照上司所說的去做。

有了你的期待，我會更加厲害

上司和同事們若是對一個職員抱著很大的期望，那麼這個人漸漸就會變身成為一個真正有能力的職員。

希臘神話中，有一個關於皮格馬利翁國王的傳說。據說，皮格馬利翁國王擅長雕刻，有一次，完成了一座用象牙雕刻而成的女性的雕像，因爲這座雕像實在太美麗了，國王不禁愛上了雕像，於是，想盡辦法要把這座雕像變成現實中的人。

看到皮格馬利翁國王如此癡情的樣子，一個叫做阿菩羅締斯的天神被皮格馬利翁國王單純和勇敢的愛情所感動了，於是就賦予這座雕像生命。最後，皮格馬利翁國王就和這個女性結婚了。

我們的生活中，像皮格馬利翁國王那樣內心有某種期待，認爲「也許有一天對方會做出自己所期待的回應」，這樣的現象就稱爲「皮格馬利翁效應」。

心理學家曾做過這樣一個心理實驗。首先，在一個小學生的班級當中，讓所有的學生都參加一個智力測試，測試的結果出來之後，做出以下的說明：「從這個測驗的結果中，我們可以預測到將來比較有潛力的學生，這個測驗的結果我不會公佈，但是老師會把將來比較有潛力的學生是誰告訴大家。」

接著，老師就在班級上宣佈有潛力的學生名單。

這個實驗過了大概半年，再進行了一次和以前一樣的智力測驗。那些之前被老師宣佈是「比較有潛力」的學生，成績居然明顯地提高了。而且還不僅僅是這樣，這半年中，那些被老師宣佈爲這些學生的學習慾望也大大增加了。

事實上，那些學生的名單只是隨意抽選出來的，而且當時所說的成績，也比實際成績要高。本來這樣的實驗是不能在教育領域進行的，但是爲了研究的目的，測試人員知會導師的是假的結果。

導師被告知的是：「這五個學生測試的分數很高，將來很有潛力。」那些孩子們的成績後來都提高了，其中的理由就是，老師對於這些孩子抱有期待感，並沒有看透這是一個謊言。也就是說，「皮格馬利翁效應」起了作用。

進行這個研究的心理學家羅傑松魯認為，「人對於對方的期待，會有很敏感的反應」，實驗中那些感覺到「受老師期待」的學生們，為了要回應老師的期待，就會積極地投入學習。

這個研究是以小學生為對象進行的，在經濟領域也同樣存在這樣的現象。如果在報告書上寫著：「他是一個很有能力的部下」，即使其中有一些虛假的成分，上司看到這樣的報告以後，對於這個部下的看法可能也會有所改變。反過來說，若是上司看到了部下的優點，鼓勵他「你應該還有發展的空間」，又會出現什麼樣的結果呢？

上司所期待的「有能力的部下」，可能就會充滿幹勁地投入到工作當中，就好像有一句話所說的：「即使是豬，只要給牠一些鞭策，牠也有可能會爬樹。」好好運用「皮格馬利翁效應」，就可以發揮培養的作用。

「他是一個很有能力的人」或者「她是一個將來很有希望的女性……」等

等的評價，即使多多少少有一點虛假的成分，但是如果上司和同事們一直提起這件事，會出現什麼樣的結果呢？

根據羅傑松魯的研究，上司和同事們若是對一個職員抱著很大的期望，那麼這個人漸漸就會變身成爲一個眞正有能力的職員。

要提高部下的能力和他們的工作熱情，並不是一件簡單的事情。但是，即使是謊話，只要能夠提高部下的工作能力，只要能夠稍微得到好的結果，這樣的謊言也就不會白費了。相反的，如果部下感覺自己並沒有受到上司的期待，那麼他的工作動力可能就會慢慢地下降。

找機會把自己的期待說出來

要把自己的心情表達出來。如果沒有使用一些充滿期待的話語或者是行為，不管你真的抱著什麼樣的期待，也很難傳達給對方。

許多失意的人都自以爲在現實殘酷的社會裡懷才不遇，其實，失意的眞相只有一個，那就是不夠努力。

一個人會不會締造傲人的成就，不是取決於是否具備過人的天資，也不在於比別人擁有更多運氣。因爲，所謂的天資是主觀的認定，運氣則是抽象的認知，兩者並沒有客觀的衡量標準。

是否具備達成自己理想的強烈慾望，才是成功與失敗的眞正原因。

想要成功的慾望越強烈，人就越會努力奮發，越會激勵自己超越別人，用盡各種可能的方法爲自己創造機會。

所謂的命運就是運行不止的生命，命運是變動不羈的，只要勇於面對，沒有人能決定你的命運一定會如何。

改變命運的機會就蘊藏在積極的行動之中，一個毫無行動力的人，永遠都不可能找到什麼好機會，連「狗屎運」都碰不到。

一個教師對一個剛剛進入書塾的少年說：「你將來一定會很有前途，甚至可以成爲一個大政治家。」

這個少年就是後來成爲日本明治時代的第一個首相伊藤博文。他對老師的期待做出了反應，爲了回報老師的期待，比平常人更努力。

結婚儀式上，公司的負責人常常會這樣致詞：「新郎是本公司一個很有前途的人才，希望他的大喜之日過後，在公司有更好的表現和發展。」

或者有的人對剛進公司的員工說：「我們大家都很期待你的表現。」

或者有的女性對自己的男朋友說：「我很期待你有一個很好的將來。」

像這些期待的話語，也許是很重要的，但是因爲不同的使用場合，有時候反而會讓對方覺得很掃興。因爲這樣的話有時候讓人聽了會覺得：「他只是在說一些場面話而已」，或者覺得「他大概不管對誰都會說同樣的話吧」。

爲了不讓對方覺得掃興，要怎麼樣說，才能夠眞正表達自己內心的意思呢？心理學家曾經對「受到期待」的小學生進行調查。

第一點，通過言語的反應來表達期待。對於那些「受到期待」的小學生們，老師有著下面的回答。

1. 當他們的答案正確時，要及時表揚他們：「你做得非常好。」

2. 即使他們的答案是錯誤的，也絕對不會批評：「你怎麼連這個都不懂？」

3. 他們的回答不對時，改變提問的方式，增加一些可以想到正確答案的提示，或者從比較小的問題開始問起。

第二點，通過言語以外的行爲或者是動作來表達期待，對於老師所期待的學生，採用以下的方法。

1. 說話的時候，對這樣的學生要探出身子，表示自己對他的重視。

2. 絕對不會背對著他們說話。

3. 頻繁地透過視線來傳遞自己的意思。

4. 很頻繁地點頭表示贊同。

5. 經常面帶微笑地對著他們。

這些表示期待的言語和行爲，不管是上司對部下，還是在談判的場合，或者是父母親跟孩子之間，都是非常適用的。如果行爲沒有和自己的言語相對應，就算對對方說：「我對你抱有很大的期待」，也很容易讓對方覺得「都是在撒謊」或者「他的話裡面有一半是在撒謊」。

心裡抱著「我對你是深具期望的」或者「你一定要明白我眞正的心意」這樣的情感，有機會就要把自己的這種心情用各種行爲表達出來。如果沒有使用一些充滿期待的話語或者是行爲，不管你眞的抱著什麼樣的期待，也很難傳達給對方。

PART 6

碰觸程度，反應彼此的親密度

肢體碰觸的程度反應彼此的親密程度，
這是判斷人際親疏時的重要標準，
無論對方如何偽裝，都可以據此得出實情。

看穿對方的敬畏心理

把雙手交叉放在身體前面，這個動作是在權力和位階比自己高的人面前表現出的一種「敬畏」心理。

你所遭遇的人，可能比你想像中優秀，也可能比想像中差勁，沒實際求證過，單憑第一印象加以判斷是相當危險的，經常會被表象欺騙。

通常我們都認爲自己很了解自己，也頗能洞穿別人，但實際上，我們經常誤解自己，對於別人的認知也僅止於皮毛。

這是因爲我們不知道如何剖析自己，也不知道透過「靈魂之窗」去觀察一個人，從中得出最正確的結論。

心理學家說，想要破解一個人的行爲，除了觀察眼睛之外，更應該留意他的手部動作，才能更準確猜中對方的心思。

「敬畏」的意思，一般解釋爲「懷有尊敬的心理」或者是「畏懼的心理」。像這樣強調內心情感的言語有很多，但都包含著「敬畏」的含義。

除此之外，比如說謹慎、顧慮、道歉、答禮……等等，也都濃縮在「敬畏」這個詞語裡面。把所有這些複雜的內心思想融合在動作中表達出來，就是表現爲把雙手交叉放在身體前面的動作。

行爲心理學家指出，在表示「服從」或「遵命」的時候，只有亞洲人會把手交叉著放在身體前面。

在百貨公司的開幕儀式上，或者是在銀行的開幕典禮上，我們常常可以看到店員和銀行職員們把雙手交叉放在身體前面，對顧客很有禮貌地鞠躬；當上司在進行訓誡的時候，員工也會把雙手交叉放在身體前面。

這種動作對於東方人來說可謂是司空見慣了，但是在歐美國家的人眼裡，這種動作卻會引起他們的驚奇，甚至有些外國人會在背後偷偷地嘲笑說：「那個動作好像是無花果的葉子一樣。」

心理學家解釋，無花果葉子的典故出自《舊約聖經》，亞當和夏娃在伊甸園中追逐遊戲的時候，就是用無花果的葉子來掩蓋身上的重要部位。而外國人就用這個典故來揶揄東方人這個動作，像是無花果的葉子般遮蓋自己的重要部位。

但是，對於東方人來說，這個動作是在權力和位階比自己高的人面前表現出的一種「敬畏」心理。

雖然這種動作和足球選手在阻擋對方自由球進攻時，排成一道人牆所做出的動作，出發點是完全不一樣的，然而在外國人看來，卻認為是同樣的動作，所以西方人很難體會這種動作內在的敬畏意義。

不同的國度，手勢代表不同的意思

手勢傳達的意義並非全世界都通用，一定要記住，在不同的國家，這個手勢所表示的意思也是不一樣的。

用大拇指和食指圍成一個圓圈，用這個動作用來表示「OK」或者「好」的意思，是受到美國人的影響。

美國人在用這個手勢時，大拇指和食指圍成的圓圈是表示「完全」的意思，還有一種說法，就是這個圓圈只是單純模仿「OK」當中的「O」字而已。

相同的姿勢因為時代的不同會有不同的含義。比如說，用大拇指和食指圍成一個圓圈，其他手指頭立起來的手勢，現在是表示OK的意思，但是從前這個手勢是表示金錢的意思。

從前只要配合手勢，說「我現在稍微有一點小困難」，不管是誰都會馬上知道那是指沒有錢的意思。因爲當時，大拇指和食指圍成的圓圈就是表示硬幣的意思。

但是，在現代，如果你拼命向對方做出這個動作，那麼對方一定會誤會，並且一邊微笑一邊用同樣的手勢來回應你。當然，這個時候對方的意思是：「你也進展得很順利嗎？我這邊也同樣進展得很好。」

不過，這個手勢傳達的意義並非全世界都通用。

如果你到了法國，買東西時對自己看中的商品做出「ＯＫ」的手勢，店員可能反而會馬上把貨品收到櫃子裡面，甚至還會生氣。這是因爲在法國做出這種手勢，對方會認爲你是在對他進行極羞辱的騷擾。

據說，在土耳其，這個表示「ＯＫ」的手勢是「男同性戀者被使用」的意思。所以一定要記住，在不同的國家，這個手勢所表示的意思也是不一樣的。

當眾接吻，是對彼此的關係沒信心

戀人在眾人面前接吻，就表示兩個人的關係還沒有達到很緊密的階段，想透過在別人面前的表現，來確認兩人之間的親密關係。

根據動物行為學家德思門多．摩里斯的研究表示，越是真正親密無間的戀人、夫婦或者是朋友，就越不會在衆人面前表現得很親密。

歐美人會當衆接吻，但東方人則不會。

那麼，爲什麼歐美人可以平心靜氣地在衆人面前接吻呢？專家認爲，接吻其實和鳥類哺育動作很相似，大鳥在把食物充分地咀嚼後，把容易消化的食物餵給小鳥吃。據說，歐洲人在很久以前，母親也是採用同樣的方法來餵養嬰孩的。這樣的母愛表達，就成了接吻的起源。

但是，據心理學家說歐洲人隨著兩個人的關係逐漸親密之後，也漸漸變得不在衆人面前接吻了。以下列舉一些眞正建立了親密關係的人彼此間表現出來的特徵，這些特徵一共有五點：

第一、使用對方名字的次數減少了。

第二、握手的次數減少。

第三、除了社交場合以外，經常安靜地一起並排坐著。

第四、對對方的擔心消失了。

第五、不會再涉及到雙方的身世問題。

不管是以上哪一點行爲都是理所當然的。從別人的立場來看待你與親密的人之間的互動，不管是哪一個特徵都是很自然的行爲。

如果暫且不去理會東西方文化的差異性，那可以說這五點是東方人與親密的人相處上基本相同的特徵。人類如果眞的變得親密無間，就不會總是黏在一起，說話時也不再結結巴巴，不用通過語言也能明白對方的意思。這點如果用摩里斯的話來說，那就是變得「可以安靜地一起並排坐著」。

所以，從這一點來看，戀人在衆人面前接吻，就表示兩個人的關係還沒有達到很緊密的階段。

若是戀人即使在很多人面前也能平心靜氣地接吻，正是表明了他們在向外界宣告「我們有多麼親密」，想透過在別人面前的表現，來確認兩人之間的親密關係。也就是說，他們的關係才達到非得要透過在別人面前的表現來確認雙方親密度的程度而已，這樣的行爲反而會讓人識破他們還只是剛剛交往的年輕情侶而已。

另外，雖然東方人一般是不會在衆人面前接吻的，但是最近卻經常看見一些年輕人很自然的在衆人面前接吻。這可能也是因爲他們想透過在衆人面前的表現，來確認他們之間的愛情吧。

扮鬼臉表示拒絕受騙

人們會以向對方做鬼臉的方式，來表示「我全部都看在眼裡，你可不要把我當成傻瓜」的意思。

行爲心理學家指出，如果你到外國旅遊，在商店街被一個人纏住要你買東西，就在這時候，附近有另外一個人朝著你做了個鬼臉，那麼你可要好好感謝一下這個做鬼臉的人，因爲這個做鬼臉的人事實上是在向你傳遞一個訊息：「這家商店會坑人，你要小心喔。」

小時候，我們經常會一邊說著惡毒的話，一邊做鬼臉，最常見的鬼臉就是用右手食指把右邊眼睛下的眼瞼拉下來，讓對方看到裡面紅色的部分，還會伸出舌頭來表示對對方的蔑視。

伸出舌頭是表示對對方的「拒絕信號」，用食指把眼瞼拉下來，是表示向對方告誡：「我可是張大眼睛看著你的所作所爲喔！」當然這個動作中也包含著向對方警告：「你可不要說謊」或者「我是不會允許你作弊的」，還有「我完全看透你說的謊了」之類的意思，含有輕蔑對方的心理。

當然，我們現在已經是大人了，不會再隨便做出鬼臉，雖然有時會在心裡面偷偷吐舌頭做鬼臉。但是在歐洲，即使是成年人也會出現做鬼臉的動作。

雖然歐洲人不會拉下眼瞼讓對方看見自己眼睛裡紅色的部分，但是，他們仍會稍微拉下來一點點，或者只是做出要拉下眼瞼的姿勢，以向對方做鬼臉的方式來表示「我全部都看在眼裡，你可不要把我當成傻瓜」，或者是表達「你可不要欺騙我」這樣的意思。

有時候做鬼臉還不僅有這樣的意思，有時也包含了向第三者發出信號：「最好注意一下那個男人」之類的意思。總之，不管是哪種情況下，都是在向對方傳達出「我可是睜大眼睛看著」的訊息。

豎起大姆指，表示我同意

豎起大拇指就是表示「同意」，甚至是「稱讚」的意思；相反的，把大拇指朝下表示「不贊成」或者是「不同意」的意思。

法國文豪大仲馬曾說：「不管一個人說得多好，你要記住：當他言不由衷的時候，就會說出蠢話來。」

許多人明明知道說謊是不好的行為，也很容易被週遭的人看輕，但為了表示自己不比別人差勁，或是為了滿足虛榮心理，還是會不自覺地說謊，或是不自覺地透過肢體動作表達自己的感受。

我們常常使用一個動作——握起拳頭只豎起一個大拇指，據說這個動作是從遙遠的羅馬時代流傳下來表示稱讚的手勢。

這個動作的起源可以追溯到古羅馬時代競技場上舉行的奴隸格鬥比賽，觀眾對於很勇敢的鬥士就會做出豎起大拇指的動作，向國王請求讓奴隸自由；相反的，如果奴隸在格鬥時表現得很怯弱或是很膽小，那麼觀眾就會把豎起來的大拇指朝下，請求判處奴隸死刑。

這個手勢漸漸延續下來後，豎起大拇指就是表示「同意」，甚至是「稱讚」的意思；相反的，把大拇指朝下除了表示「你該被判處死刑」的意思之外，還有表示「不贊成」或者是「不同意」的意思。

歐洲的足球比賽，觀眾對於犯了錯誤的足球選手都會毫不留情地發出噓聲，同時，我們還會看到觀眾們做出把大拇指朝向下的動作。

說不定那些觀看球賽的球迷們的心情，就像是在古羅馬競技場上觀看奴隸格鬥一般。因此，當看到選手們犯了錯誤時，做出把大拇指朝下的動作，就好像是在向選手們宣告：「你被判了死刑。」

V型手勢，用來鼓舞己方氣勢

一方面在心理上蔑視納粹德意志，另外一方面又鼓舞著自己會勝利，歐洲人的複雜心理就通過這個V型手勢表達出來了。

現在很多人都使用V型記號來表示勝利的意思，但是，這種記號有正確的表達方式，如果把這個動作做錯了，反而會變成是侮辱對方的動作。

正確表示勝利的V型動作，就是把自己的手心向著對方，豎起食指和中指，且食指和中指一定要伸直；如果是要表示對對方的侮辱，那麼就是把手的背面朝著對方作出V型手勢，爲了讓對方從自己的手勢聯想到牛角，手指還要稍微有點彎曲。

本來這個V型手勢是作爲侮辱對方的手勢，在歐洲國家廣泛使用。但是在第二次世界大戰中，為了抵抗入侵的納粹德軍，比利時的法律學家提倡在家庭的牆壁上畫上勝利單字的第一個字母「V」，不管是在法語還是英語裡面，表示勝利的單字都是V字母開頭，後來，英國首相邱吉爾把這個動作推廣開來，於是用V型手勢來表示勝利的方式，就固定下來了。

表示侮辱的信號透過手部方向的不同，而成為勝利的手勢，這大概是因為在當時歐洲人心中，通過做出這種手勢，可以強烈表達出對納粹德意志的輕蔑心情吧。

但是，由於這個手勢原本是很粗魯的動作，所以上流社會的人們禁止使用原來的手勢，而是要求在做出這個手勢時，兩個手指不要像牛角一樣彎曲著，而是伸直的。從此就把這個V型手勢，很巧妙地改變成表示勝利的意思。

把粗魯的手勢稍微加工一下，一方面在心理上蔑視納粹德意志，另外一方面又鼓舞著自己會勝利，歐洲人的複雜心理就通過這個V型手勢表達出來了。

越是被禁止的事情就越想做

有些廠商為了大量銷售自己開發的新產品，反而會採取限量的銷售方式，這樣的行為就好像是對消費者說「不許買」一樣。

深諳人性的古希臘哲學家孟德斯鳩曾說：「衡量一個人的真正品德，往往要看他知道沒有人會發覺的時候做些什麼。」

人在孩提時代經常會面對很多大人規定的禁止事項，比如說「不許把玩具都往嘴巴裡面塞」、「不許在媽媽看不到的地方玩耍」、「不許在危險的地方玩耍」、「晚上不許太晚回家」、「不許抽煙喝酒」……等等。

不僅這些自由被剝奪了，甚至某些動作也會受到父母親禁止，比如說「不許吸吮手指頭」、「不許抓頭髮的」、「不許把手放在口袋裡面走路」……等等。

父母會強制小孩一定得遵守一些規定，但是當小孩沒有受到父母親監視時，反而會想要去做那些被父母親禁止的事情。

爲什麼越是被禁止的事情，小孩子就越想去做呢？心理學家布魯穆認爲這種行爲就是所謂的「心理抵抗」，因爲孩子們在出現自我的意識以後，就會變得想要決定自己的事情，也可以說是當小孩子長大了，會想要擴張自己可以自由發揮的空間，但是父母親卻築起了「不許」的屏障。

因此，他們就會有意識地想要衝破父母親建築的壁壘，會把自己的意識集中在「如果可以衝破這道屏障，那麼就一定可以到達更自由快樂的世界」這樣的思想裡面。於是，在這種時候，孩子們反而會變得更想要去做被父母親禁止的事情。

不管是誰，如果被封閉在一個狹小的空間中，都會有想要自由出去外面看一看的念頭，但是正因爲一直想著「要在自己喜歡的時候去外面走走」，反而會把自己更加封閉在房間裡面，熱中於電動遊戲之中。因爲父母親說「不許玩電動遊戲」，所以反而變得更加喜歡玩，也是同樣的心理狀態。

所以，有些很受歡迎的商品正是利用人們這種心理抵抗的特性，巧妙地展開這類的商業戰術。

例如，有些廠商爲了大量銷售自己開發的新產品，反而會採取限量的銷售方式，這樣的行爲就好像是對消費者說：「不許買」一樣，如此就能達到「心理抵抗」的效果，消費者正是因爲越難買到手，就越想要買這樣的商品。

所以，除了喝酒、抽煙這些不良習慣以外，其他的事情與其禁止孩子們去做，還不如讓他們自由地去做，並讓他們建立起「要對自己所做的事情負責任」這樣的想法和觀念會更好。

越缺乏自信，越會維護自尊心

如果沒有自信心，不安的情緒就會擴大；人只要心裡面存有不安的情緒，就會想要維護自己的自尊心。

有的母親會這樣發牢騷：「我家的小孩子，一旦考試時間接近，不但不想要念書，反而一直玩電動遊戲。」

她們覺得，如果自己嘮叨的話，孩子們反而會更加故意去玩電動遊戲。

其實，這些擔心是多餘的。即使是大人，在工作很緊張的時候，也會想出門逛街；早上要進行重要商務會議，有的企業負責人還特意跑去打高爾夫球。

大概這種類型的人，小時候都是那種當臨近考試時間了，就會一整天躺著睡覺或是看漫畫的人吧。

心理學家分析，這類型的人雖然小時候可能還未培養出對自己的自信心，但還是有不服輸的心態。

因此，當精神狀態處於不安時，就會在毫無意識當中，爲自己事先準備好可以讓別人接受的失敗原因。就是因爲存在著這種「自我障礙」，所以才會找出這種不傷害自己自尊心的做法。

考試之前熱中於電動遊戲，也是想著萬一考試得不到自己理想的分數時，就可以藉口說：「是因爲考試前玩電動遊戲才考不好」，爲自己留下一條考試考不好的後路，透過「如果沒有玩電動遊戲的話，那麼就一定可以取得好的成績」這種想法來避免自尊心受到傷害。

自信心是在不斷累積經驗當中，漸漸建立起來的。

如果沒有自信心，不安的情緒就會擴大；人只要心裡面存有不安的情緒，就會想要維護自己的自尊心。

當然，如果事先做出周全的準備，那就不會發生失敗了，但是，這種想法卻要先經歷過失敗、受到過打擊以後，才會漸漸理解並且掌握住。

大學生在考試的前一天和一些投機取巧的學生聚集在一起，討論作弊的事情，大家一邊喝著酒，一邊拼命在小小的紙條上用很小的字體寫上考試的相關內容。其實這樣的行爲也是一種「自我障礙」的體現。

爲了準備考試作弊的小抄，整整花了一個晚上，直到天色漸漸亮起來。有些人會突然好像覺悟似的在一旁自言自語說：「早知道做作弊的準備也是要花一個晚上的時間，那還不如一開始就好好讀書一個晚上，反正花的時間都是一樣的。」

確實如此。但是，如果沒有這樣整個晚上都在做一些愚蠢的事情，也就不會發覺如此簡單而且理所當然的道理了。

透過咀嚼，分散不安情緒

孩子咀嚼鉛筆的行為只是為了透過這樣的方式，讓大腦清醒一點，並讓自己的注意力可以集中。

小孩子剛剛進入學校的時候，經常會出現咬鉛筆頭的行爲，如果這樣的行爲成爲習慣後，那麼可能一直到中學都還改不掉這個壞習慣。

這個行爲根據心理學家研究分析，認爲是人在緊張時出現的「轉位活動」，也就是透過咀嚼鉛筆的動作，分散緊張的心情，因爲在動物的大腦中，當嘴巴在咀嚼什麼東西的時候，大腦是處於最放鬆的狀態。

吃東西就等於是在咀嚼。實驗證明，當人處於很急躁不安的時候，咀嚼口香糖可以讓大腦放鬆。可是，上課時是不可以吃口香糖的，於是就改成咀嚼順手可以拿得到的東西，那就是鉛筆。

有的家長覺得咬鉛筆很不好，於是就把孩子的鉛筆兩端都削成可以寫的筆尖。的確，這樣一來，孩子們就不會去咬鉛筆了，但是他們還是會用另外一個東西作爲取代鉛筆的道具，用以分散緊張的情緒。孩子們的緊張情緒無法得到緩解時，必然會尋找一些東西來緩解急躁不安的情緒。

這樣一來，就有可能出現男孩子抓前面女生的頭髮，或者在教室內來回走動的情況，以便透過其他行爲來紓解自己內心焦躁不安的情緒。所以，與其制止孩子的行爲，還不如關心一下孩子爲什麼會緊張、爲什麼會焦躁不安，把心理內部的原因找出來，才能根治這些問題。

是因爲和同學之間相處得不好，還是覺得一定要去上課而感到很煩惱？畢竟這樣的行爲一定有其心理內部的原因。這樣一想，孩子們咀嚼鉛筆的行爲就不會那麼令人反感了，因爲他們只是爲了透過這樣的行爲讓大腦清醒一點，並讓自己的注意力可以集中，才會這麼做的。

PART 7

男人的「道理」常常沒有道理

男性在後來的社會習慣或者是後天的教養當中，
變得必須主動跟社會取得聯繫，
於是，男性就養成了好講道理的習性。

不雅的姿勢是為了證明自己

想在人群當中表現得比較顯眼，要達到這樣的目的，最簡單的方法就是做出一些比較不一樣的動作。

我行我素，有時候會被別人認爲是一項人格上的禁忌和敗筆。可是，從心理學的角度解釋，人的許多特立獨行的動作，只不過是「弱勢者」爲了證明自己有著某種價值所散發的信號。

這些信號其實就是肢體謊言，只要細心觀察，我們就能認清對方的內在，不會被這些裝腔作勢的肢體語言矇騙。

經常可以在街道旁邊或者是便利商店門口，看到一些年輕人蹲在一旁和同伴們聊天的身影，上了年紀的人，可能會覺得這樣的舉止很令人懷念，因爲以前有的老奶奶就會蹲在路邊等待公共汽車到來。

那爲什麼在人們面前，這些年輕人會自然而然地擺出這樣的姿勢呢？

其實，他們應該是知道自己的行爲很不雅觀，但是他們卻還是故意這樣做，也許他們想在人群當中表現得比較顯眼，要達到這樣的目的，最簡單的方法就是做出一些比較不一樣的動作，這樣的行爲就可以引來別人的注意。

當大家都是站在街道旁邊時，蹲著更顯得突出。另外，這樣的姿勢裡表達了這樣的訊息：「我很累了，但是我還是很認眞地在做著什麼。」

如果說兩腳張開、聳著肩膀、交叉著雙手這樣的動作是強者的標記，那麼蹲在道路兩旁就很明顯的是「弱者的姿勢」，在這樣的姿勢裡面，可以體現出他們用一種偏執的眼光來看待世界。

而且，他們偶爾會用一種狡詐的眼光看著過路的人們，心理學家解釋，這樣的眼光當中包含著「請你們不要理睬我」，或者也可以看做是「請你們伸出手來把我拉起來吧」的意思。

不在意，就什麼都沒關係

表現出「不管別人會怎麼看待都沒有關係」這樣的心理時，可以說，這樣的行為表示行為者的心態已經達到了某一種達觀的境界。

人的年紀變大後，就會漸漸不注意自己的外在形象了，例如許多年紀大的人即使很多天都穿同樣的衣服，也不會覺得有什麼不恰當的地方。但其實這些人還在社會上工作的時候，對衣著也是很講究的，只是退休後變得天天要待在家裡面，因而變得不關注自己的外表了。

心理學家指出，這種現象可以充分印證「人的確是社會性的動物」。當人的生活與社會有密切的關係時，對自己的服裝、言行都會特別的注意。一旦在一個與世隔絕的孤島上生活，那麼即使每天穿著同樣的衣服，也不會覺得很難受。

有一些老年人還在工作時會說：「我如果退休了的話，一定不會過著很閉塞的生活。」但是，一旦眞的退休了，就變得不怎麼會離開自己所居住的地方。因爲沒有經常出去外面走動，所以腳就變得越來越衰弱，也因此想要好好地打扮一下出去走動的慾望就沒有了，從而陷入到惡性循環。

一旦陷入到這樣的情況中，就會把自己封閉在一個和外界隔絕的空間，漸漸不在意自己的外表。當自己對別人怎麼看待自己的外表變得不在意後，也就能夠在別人面前自然地把假牙取下來又裝上去了。

很多老年人都覺得把整排假牙安放在嘴巴裡面會有一種不太舒適的感覺，他們認爲假牙只不過是切割食物的工具，和刀子、叉子一類的器具差不多，才會因爲覺得假牙不舒服，所以把假牙取下來又裝上去。

表現出「不管別人會怎麼看待都沒有關係」這樣的心理時，可以說，這樣的行爲表示行爲者的心態已經達到了某一種達觀的境界。

女性不自覺的姿勢是為了保護自己

在擁擠的道路當中和對方擦肩而過，女性一般會把身體扭向和對方相反的方向，用背部朝著對方經過。

和迎面走過來的人擦肩而過的時候，你是否注意到，男性和女性身體扭轉的方向是完全相反的呢？

在人的行爲當中，有的行爲是男性特有的，有的行爲則是女性的特色，這些行爲都是向外界發出的信號，強調自己的男性或是女性特徵。

讓我們看一些典型的例子，男性有張開雙腳坐著的姿勢，但這樣的動作對於穿著裙子的女性而言是一種毫無防備的坐姿，因爲這樣的坐法會有暴露內褲的危險，所以一般女性是不會採取這種坐姿的。

另一方面，如果女性坐在椅子上時，雙腳一般會併在一起，腿向一邊傾斜，但男性是絕對不會採用這種坐姿的，男性即使雙腳放在一起，也絕不會緊密併攏起來，而是會稍微張開。

從普通的坐姿當中，就表現出男性或者是女性的特徵。

根據行為心理學家德思門多·摩里斯的研究，男性和女性在擁擠的道路當中，擦肩而過的方式是不一樣的。如果在擁擠的道路當中和對方擦肩而過，女性一般會把身體扭向和對方相反的方向，用背部朝著對方經過；但是男性則是把身體扭向朝著對方的方向，正面朝對方經過。

這是因爲，女性和別人擦肩而過的時候，爲了不讓自己的胸部被別人接觸到，就會在無意識當中把身體扭轉到和對方相反的方向，並且把背部朝著對方，以保護自己的胸部。下次，你可以仔細觀察一下生活周遭在街道上行走的人，就會發現的確是這樣的情況。

女人戴戒指，是希望被保護

對於女性來說，戒指不僅僅具有裝飾的功能，而且還包含了希望被「保護」或者被「環繞」的心態。

想要獲得成功，就必須懂得解讀別人的言語和肢體動作，明瞭對方說這些話，或表現出這些舉止的心理狀態，摸清對方是不是在撒謊，並且把這套心理作戰兵法運用在適當的時機與關鍵上。

據說，女性最希望從戀人那裡得到的禮物是戒指，如果有女性強調自己根本就不是這樣，那麼就說明這個女性是屬於那種討厭束縛、獨立心很強的類型。

最近獨立性強的女性越來越多，所以現在這個社會即使男性送女性戒指，也不一定能如願受到女性的歡迎。

對於女性來說，戒指不僅僅具有裝飾的功能，而且還包含了希望被「保護」或者被「環繞」的心態。許多丈夫的印象中，妻子臉上表情最爲高興的時候，就是在送給妻子結婚戒指的時候。

但是，這樣的說法，可能會遭到身邊的女性的否認：「誰說的，這只是你們男性一廂情願的想法而已。」

不過，可以看得出會這樣說的女性，大部分都是那些舉止幹練，已經有了不錯的經濟基礎的職業女性。

自己有經濟能力，不須依靠男人的女性，不一定得藉由戒指才能享受那種被保護的感覺，甚至可以說，職業女性根本不必靠男性保護。她們獨立心強，不喜歡那種受到拘束的感覺。

但是，有些女性卻很享受那種被男性保護的感覺，所以戴上戒指，所帶來的安定感會讓她們覺得很幸福。

善用化妝技巧，掩飾真實的自己

有的女性會覺得，如果沒有化妝就走在路上，就跟沒有穿衣服一樣，讓人覺得很羞恥，所以想把自己最好的一面展現給大家。

女性爲什麼會化妝呢？這個問題不用回答也知道，這是因爲她們希望自己能夠看起來更年輕、漂亮。

自古以來，女性就有這樣一種心態，就是要向外界表現自己還很年輕、可以養育孩子的形象，這樣的心態尤其想向男性表現。這種想宣傳自己的心態，不管到了什麼時代都是一樣的。

就好像電視廣告總是走在時代的最前線一樣，女性的化妝也反應了時代。據說，西歐的女性以往沒有擦口紅的習慣，而是把臉都塗成白色的，這是因爲皮膚的白皙顯示她沒有在太陽光的底下勞動，是屬於上流階級的女性。

在貴族社會，強調自己皮膚白皙是向外界宣傳自己的最好方法，但是到了現在，褐色的皮膚才是代表年輕和健康的符號，紅色的嘴唇也可以表示出年輕和健康。然而，如果大家都同時使用紅色的口紅，那麼展現自我特色的效果就會降低了。所以，與其傳達出自己是健康的，還不如把目標集中在能夠表現出屬於自己風格的口紅，也因此各式各樣顏色的口紅就非常流行。

有的女性會覺得，如果沒有化妝就走在路上，就跟沒有穿衣服一樣，讓人覺得很羞恥。會這樣認爲的人是想把自己最好的一面展現給大家，想把自己內向的性格改變成外向的性格，掩飾自己疲憊的臉色，並能很巧妙地僞裝自己，扮演一個令每一個人都很滿意的角色。

所以，從男性的角度來看，女性的眞實內心總是很難理解，也許就是因爲她們化妝和表演的技術太高明了吧！

盯著對方，透視內心世界

女性一般是處於為對方考慮的立場，通過觀察對方的表情和動作來解析對方的心理，最後才做出自己的決定。

義大利作家普拉托里尼曾經提醒我們：「紡錘也會不準，甚至鏡子裡出現的形象也和實體不一致，教皇也會有說錯話的時候。」

單憑表面現象去論斷事物是人性的弱點之一，如果不設法加以克服，自以爲是的結果往往就是一廂情願，甚至因而吃虧上當。

想要在人性叢林獲得成功，不光有能力、肯努力就能達到，必須明確洞悉自己遭遇的對手，也明瞭自己面臨什麼狀況，並且懂得解讀對方的話語和舉止，用最正確的方法面對，才不會被別人散佈的煙幕欺騙。

以下的例子，就是男性經常出現的誤解。

有很多男性被初見面的女性一直盯著看時，就會自以爲是地想：「那個人難道是對我有意思？」

但是，很遺憾的，並不是這麼回事，那樣的行爲並不代表女性對那個男性有意思，只不過是女性有這樣的習慣而已。

根據各式各樣的調查顯示，女性與男性相較之下，她們有更多時候是盯著對方看的，但是爲什麼女性會一直盯著對方看呢？

這是因爲女性在社會當中，一般是處於較爲被動的地位，所以她們會想要儘量讀懂對方的心思。

在人類發展的長遠歷史當中，女性也是處於爲對方考慮的立場，爲了達到了解對方的目的，就會想要透過觀察對方的表情和動作來解析對方的心理，最後才做出自己的決定，這樣的心理久而久之就漸漸形成了一種習慣。

所以，一般而言，女性的感覺比男性較爲敏銳，可以認爲這種一直盯著人看的特質，是因爲女性把「仔細觀察」這件事轉化成一個牢不可破的習慣了，成爲女性的一個重要的特質。

另外，一直盯著對方看，相對的也就能夠忍受對方凝視回來的眼光，就這點而言，可以表現出女性堅強的一面。有些男性要是被女性一直盯著看，通常會覺得很不好意思，而一下子就把目光轉移開，這就是因爲他們不能夠忍受被別人一直盯著看，這是內心存在軟弱的一面。

因爲能夠很平靜的盯著別人看，所以也就可以很平靜的被別人盯著看，通過這樣的行爲也可以了解對方的心理，好像看透了對方一樣：「原來他也不過是一個軟弱的男人罷了」，這時心情就會鎮定一點了。

男人的「道理」常常沒有道理

男性在後來的社會習慣或者是後天的教養當中，變得必須主動跟社會取得聯繫，於是，男性就養成了好講道理的習性。

男性好講道理是一種習性。在人類的歷史長河當中，女性總是處於被動的地位，而男性則是主動的，他們總是主動尋求與社會的聯繫。

如果男性抱著「我好討厭那個人」的心態，以致於不想與此人合作，那麼就很難在社會當中取得成就，他們必須迫使自己想著：「雖然那個人很討人厭，但是並不能否認他還是很有工作能力的。」於是，男性只好用這樣的道理來說服自己，努力把工作上的人際關係處理好。

雖然如此，有時候男性也會在努力使自己考慮到「不可以單憑好惡來辦事」

的時候，感到很痛苦。就在這樣的想法中，男性的道理就漸漸多了起來，但是，道理畢竟還只是道理而已。

「男人都是好講道理的」，其實這只是女性的看法而已。這個辭彙當中的「好講道理」，就包含了其實那些道理是沒有什麼說服力，只是用「道理」之名來胡攪蠻纏而已的意義。雖然這種說法非常犀利，不過事實上倒也說中了男性的本質。

有這樣的說法，男性在母親的體內是因爲受到母親體內荷爾蒙的作用，所以才變成男性，這種受到母親體內荷爾蒙作用的男性荷爾蒙，擁有右腦特別發達的特性，而人的右腦是支配空間觀念、感情、直覺的部位。

也就是說男性在一出生時，就具備了浪漫的氣質，擁有藝術家的素養，而女性的荷爾蒙卻沒有這樣的功能，所以女性在出生時，右腦和控制理論、言語功能的左腦是比較均衡的狀態，因此女性在幼年時會較容易掌握語言，而且也會比較成熟。

但是，男性在後來的社會習慣或者是後天的教養當中，漸漸掌握了男性化的理論思維，變得必須主動跟社會取得聯繫，於是，男性就養成了好講道理的習性。

在這樣的社會環境影響中，男性因為努力鍛鍊自己的左腦，漸漸就產生了左右腦發展不平衡的狀態。

但是，據說在人類的大腦當中，連接左腦和右腦的大腦神經是女性的要粗一些。把連接左右腦的大腦神經比做電線，因為女性的大腦電線比較粗，所以她們可以較為頻繁地交換兩邊頭腦的資訊。

另一方面，由於男性要把在右腦製造出來的豐富思維，通過細細的電線傳送到後天才發達起來的語言中樞中，這些資訊就漸漸變成講不通的道理了。

男性本來是要努力把自己的道理說明白的，卻由於思維只能夠傳送到一半，心情就難免變得急躁起來。

到了最後，覺得講道理實在是太麻煩了，就會覺得「還是用力量來解決問題吧」，因此說到最後也沒有辦法說出令人信服的道理出來。於是，男性所謂的道理通常停留在「胡攪蠻纏」的階段後就不再發展了。

碰觸程度，反應彼此的親密度

肢體碰觸的程度反應彼此的親密程度，這是判斷人際親疏時的重要標準，無論對方如何偽裝，都可以據此得出實情。

根據美國的人類交際學專家巴蘭頓的研究成果顯示，美國大學生重複和對方身體接觸的次數要比東方的大學生高出兩倍多。

另外，他還得出這樣一個結果：美國大學生和父母親的身體接觸甚至比東方大學生要高出三倍多。

約翰．藍儂有這樣一首歌：「愛就是接觸，接觸就是愛。」

對於歐美人來說，接觸對方的身體是用來表示對對方的「親密度」和「信賴度」的最好方式。

亞洲人其實也會經常撫摸對方的身體，但是，一般這樣的撫摸都只侷限在自己的孩子身上，而且還侷限在孩子幼年時期的時候。隨著孩子們漸漸成長，身體上的接觸也就會逐漸遞減。

到了這時期，孩子和父母親之間產生了距離感，雙方也漸漸失去身體接觸的機會。

在東方，小孩子進入到高中階段，父母親和孩子之間的身體接觸幾乎就會下降到零。當父親想要和上高中的女兒有什麼身體接觸，內心就會覺得似乎不太妥當，而放棄這樣的行爲。

甚至，有的父親只是稍微拍一下女兒的肩膀，結果被女兒斥責：「你不要隨便碰我」，父親容易因而產生沮喪的心情。

巴蘭頓教授還提到，有些歐洲人即使是男性之間，也會緊緊地擁抱在一起，並且還會右邊、左邊、再右邊地互相親吻對方的臉蛋，而且一天會見好幾次面的人，每一次見面也還是會和對方握手。

心理學家把這種人命名爲「接觸型人類」，至於人與人之間接觸頻率非常少的，則稱爲「非接觸型人類」。

肢體碰觸的程度反應彼此的親密程度，如果不是非常親密的同伴，一般東方人是不會心安理得地和對方身體接觸的，這是判斷人際親疏時的重要標準，無論對方如何僞裝，都可以據此得出實情。

打赤膊是男性化的表現

即使是寒冷的冬天，也可以經常看到一群打著赤膊，只穿一條短褲的男性在籃球場上展現自己，男性會覺得自己很有男子氣概。

透過觀察比較，我們可以知道，強者者比弱者眞正高明的地方，在於他們不拘泥於一大堆小框框，明確果斷、大刀闊斧，至於弱者則是虛張聲勢，試圖展現出一副自己很厲害、很英勇的模樣。

男性總是愛不穿上衣，只穿著一條短褲在屋子裡面走來走去，這樣的行爲表現了怎樣的心理呢？

男性如果是在自己的房間或是和同性朋友一起住，在家裡面一般都會赤裸上身，只穿著一條短褲，愉快自在地在房裡走來走去。

如果說穿著衣服把自己包裝起來，是女性化的表現，那麼脫掉衣服讓身體暴露在外面就是男性化的表現，但是中年男性把突起的腹部暴露在外面又是另當別論。除此以外，把身體暴露出來是只有男性才能做到的特權，當這樣做的時候就會產生「嗯，我是男子漢」的快感，而且還會不斷地爲此感到滿足。

在游泳池或者沙灘上，每個人都只穿著一件游泳衣，這個時候就不會再介意年齡，每個人都很自然地穿著短褲走來走去，或者可以說，在人類的身體深處，遠古時代赤身裸體地追逐獵物的記憶又突然恢復了吧。

同樣的，在打籃球的時候，男性經常會說「好熱」，然後就立刻把衣服脫得只剩下一條短褲。即使那個時候是寒冷的冬天，也可以經常看到一群打著赤膊，只穿一條短褲的男性在籃球場上展現自己。

這種時候，男性通常會感到很過癮，覺得自己很有男子氣概。

不過，即使是在以上情況中被大家嘲笑爲「暴露狂」、「愛現鬼」的人，第二天還是會穿著西裝、打著領帶出現在公司裡的。

男人酒醉，就會勾肩搭背

在中高年紀的男性當中，特別是那些地位比較高的人，只有在喝醉酒以後，才會毫不介意地互相勾搭著肩膀一起走路。

肢體語言學家認為，人們內心深處所盼望的事，不管如何隱藏，一定會不經意地透過肢體動作表現出來。

如果我們平時詳加觀察週遭人物的肢體動作，久而久之我們就能揣測他們的心理變化，識破他們的謊言。

有的人平時表現出來的性情，是經由環境壓抑或是下意識刻意包裝的，因此，想了解他們真正的心理狀態，就必須透過旁敲側擊與審慎的深入觀察，才能洞悉他們最真實的內在。

現實生活中，以喝醉酒的人最容易表現出自己的眞實性情。喝醉酒的男人相互搭著對方的肩膀走路，這樣的行爲表現出怎樣的心理呢？男性一般都很在意與對方的距離感，不管是多麼親密的朋友，男性都不會彼此挽著手或者搭著肩膀一起走路。

如果兩個男人這樣一起走路，很容易被別人認爲是男同性戀者。男性有很強的「公私意識」，就是因爲有這樣的公私意識，一旦喝醉酒，把武裝的外衣脫下之後，就變得很邋遢、散漫。其實，想要把自己灌醉的行爲就是自己想要把意識當中的外衣脫掉，然而在這樣的外衣下面，眞面貌是什麼樣子呢？

現在的年輕人很懂得要如何在不同的場合下穿適合的服裝，但是中年以上的人，卻有不少人認爲在別人面前出現，只有西裝和高爾夫球服裝才是適合的服裝。早期的人雖然把公私意識分辨得很清楚，但是卻只是到如此的地步而已，也就是認爲，自己所處的環境不是「公」就是「私」，所謂的中間狀態是根本就不存在的，就好像認爲世界上的顏色就只有黑和白兩種而已，其他的顏色根本就不存在。

在中高年紀的男性當中，特別是那些地位比較高的人，只有在喝醉酒以後，才會毫不介意地互相勾搭著肩膀一起走路。

至於那些一起在軍隊裡同吃同住的朋友，或者是在學校的宿舍裡一起住的室友，他們平時就會輕鬆地搭著對方的肩膀一起走。

在社會這個戰場上打滾多年的男性，總是穿著正式的服裝，根據不同的場合改換自己的衣服，並在不同的場合扮演不同的角色。但是應該停下腳步仔細想想，是否已經漸漸淡忘了以前那個單純和朋友相互搭著肩膀一起走路的自己，那樣無拘無束、眞實生活著的自己？

懂得說話藝術，就能左右對方的思路

惠特尼曾經寫道：「**說好一句話，有時候比做好一件事更容易獲得別人的重視。**」
確實，這正是人性的弱點所在，只要懂得掌握說話的訣竅，知道在什麼人面前該說什麼話，就可以讓對方的思路跟著自己走。
言語是溝通、交涉的最佳利器，巧妙之處就在於包裹自己的想法，並且讓對方產生共鳴。
有時候，一句話往往加上幾個裝飾字之後，就可以更巧妙地傳達自己原本想要表達的意思。
想要進行有效的交談，把自己的意見一點一滴滲透進對方的腦海裡，就必須先洞悉人性，掌握對方的心理，
然後巧妙引導對方接受自己的說詞。

看穿人性說話藝術

THE ART OF TALKING

楚映天 編著

金澤南 編著

HOW TO BREAK
THE HEART OF DEFENSE

說話時**玩些心機**，
才能順利達成目的

摸透人性弱點
說話攻略

戴爾・卡內基曾說：

如果你想要別人接受他們不想接受的要求，
只需將這些要求**包裝在他們喜歡聽的話語之中**。

確實如此，不論溝通、談判或是推銷自己的想法，想要順利達成目的，
就必須先看穿對方潛藏的心思，然後用對方最喜歡聽的話語，
巧妙地傳達自己的意思。如果你能在言談間看穿對方正在想什麼，
便可以突破對方的心防，牽引對方往自己設定的方向走。

與其沉默面對，不如用幽默巧妙化解

用幽默代替沉默的溝通藝術

Use humor instead of silence

塞德娜 編著

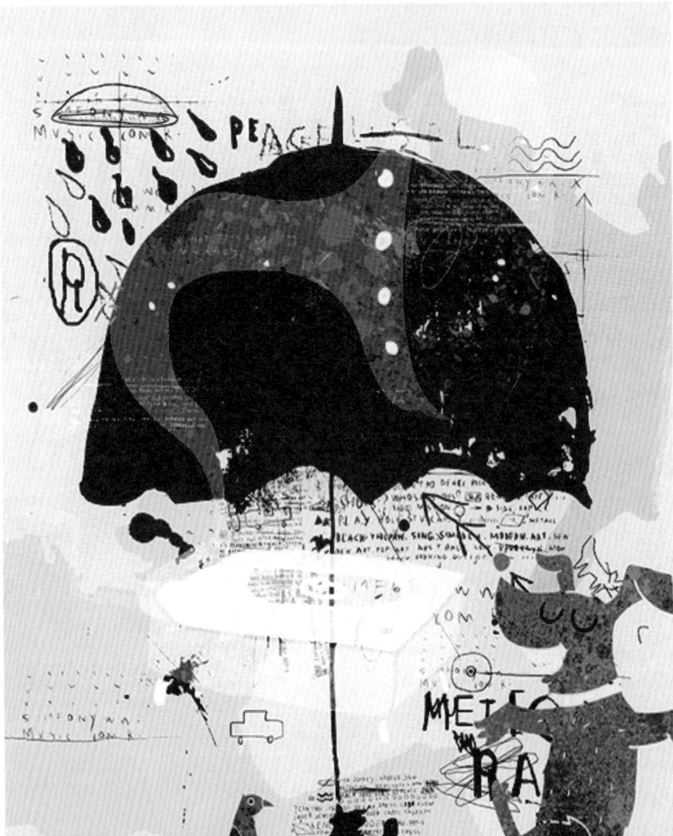

西塞羅曾經寫道：
玩笑與幽默不僅令人開懷，而且經常有意料不到的妙用。

其實，一個有智慧的人，不小心出糗，以及面對粗魯的言行挑釁時，或是在自己不感興趣發言的問題上，通常不會選擇沉默，
而是會用極出色的幽默來代替沉默，化解僵滯的氛圍。
懂得幽默的人，知道如何用幽默的話語代替自己不想回答又不得不回答的問題。懂得幽默的人，知道如何透過幽默化解讓自己尷尬的處境。
懂得幽默的人，知道如何用幽默回應原來只能用沉默消極面對的問題。

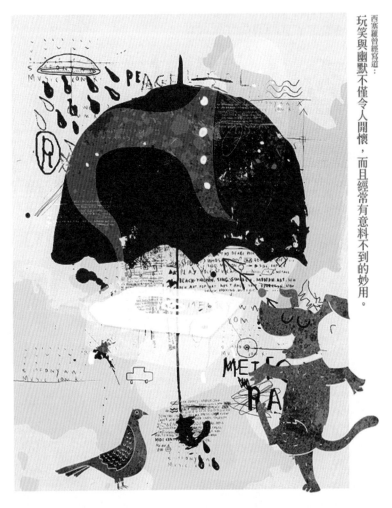

It does not matter a bit **treacherous**

有點**奸詐**不犯法 全集

全新修訂本

公孫龍策──編著

用心機
面對危機的
成功心法

英國首相邱吉爾說：

事情的真相是如此寶貴，所以需要大量的謊言加以包裝。

古今中外名人的成功例證告訴我們，「**有點奸詐**」是敲開成功大門最快最有效方法；
越自私的慾望，愈需要冠冕堂皇的說詞加以美化，才能更快達到目標。

許多人在人生的旅程中遭遇失敗，並不是他們能力不足，或是時運不濟，而是想法過於迂腐，
一味把仁義道德掛在嘴邊，相信世界上的每一個人都是好人，結果自然是一再被坑，被騙，而且不知覺醒。
人生就像是一場競爭激烈的相撲大賽，講究的不是硬碰硬的蠻力，而是智慧、技巧與謀略：
只要不犯法，小奸小詐其實無傷大雅。

你不能不學的看人心理學

作　　者　陶　然
社　　長　陳維都
藝術總監　黃聖文
編輯總監　王　凌
出 版 者　普天出版社
新北市汐止區康寧街 169 巷 25 號 6 樓
TEL / (02) 26921935 (代表號)
FAX / (02) 26959332
E-mail：popular.press@msa.hinet.net
http://www.popu.com.tw/
郵政劃撥 19091443 陳維都帳戶
總 經 銷　旭昇圖書有限公司
新北市中和區中山路二段 352 號 2F
TEL / (02) 22451480 (代表號)
FAX / (02) 22451479
E-mail：s1686688@ms31.hinet.net
法律顧問　西華律師事務所・黃憲男律師
電腦排版　巨新電腦排版有限公司
印製裝訂　久裕印刷事業有限公司
出 版 日　2019 (民 108) 年 3 月第 1 版
ISBN◉978-986-389-589-3　　條碼 9789863895893

國家圖書館出版品預行編目資料

你不能不學的看人心理學 /
陶然著.一第 1 版.一：新北市,普天
民 108.3 面； 公分. - (溝通大師；42)
ISBN◉978-986-389-589-3 (平裝)

溝通大師
42